LA COSMOVISIÓN
DEL
REINO DE DIOS

Darrow L. Miller | Bob Moffitt | Scott D. Allen

UN ESTUDIO BÍBLICO DEL ESTILO DE VIDA DEL REINO

EDITORIAL JUCUM
P.O. BOX 1138 TYLER, TX 75710-1138

Editorial JUCUM forma parte de Juventud con una Misión, una organización de carácter internacional.

Si desea un catálogo gratuito de nuestros libros y otros productos solicítelos por escrito o por teléfono a:

Editorial JUCUM
P.O. Box 1138, Tyler, TX 75710-1138 U.S.A.
E-mail: info@editorialjucum.com
Teléfono: (903) 882-4725
www.editorialjucum.com

La cosmovisión del reino de Dios
Copyright © 2011 por Darrow L. Miller, Bob Moffitt y Scott D. Allen
Versión española: Antonio Pérez
Edición: Miguel Peñaloza
Publicado por Editorial JUCUM
P.O. Box 1138 Tyler, TX 75710-1138 U.S.A.

Publicado originalmente en inglés con el título de *Worldview of the Kingdom of God.* Copyright © 2005 por Darrow L. Miller, Bob Moffitt y Scott D. Allen. Publicado por YWAM Publishing, P.O. Box 55787, Seattle, WA 98155 U.S.A.

A menos que se especifique, los textos bíblicos aparecidos en este libro han sido tomados de la Santa Biblia *Nueva Versión Internacional,* © 2005 editada por la Sociedad Bíblica Internacional y la Sociedad Bíblica de España. Dichos textos son usados con permiso.

Primera edición 2011

ISBN 978-1-57658-456-9

Impreso en los Estados Unidos

Un estudio bíblico del estilo de vida del Reino

El plan singular de Dios para las naciones
El reino inconmovible de Dios
La cosmovisión del reino de Dios

Reconocimientos

Este proyecto ha sido un verdadero esfuerzo de equipo. Muchas gracias a Randy Hoag, Presidente de *Fundación Contra el Hambre*, por su plan para desarrollar esta serie y su ánimo a lo largo de la realización. Muchas gracias a Max Rondoni por su valiosa ayuda para organizar la enorme cantidad de material escrito y las notas de clase, y convertirlos en un instrumento de trabajo. Estamos en deuda con Cindy Benn y Natalie Clarke por su ayuda prestada a la edición y corrección de textos. También reconocemos agradecidos la experimentada asistencia editorial de Judith Couchman, quien no sólo aportó un excelente nivel profesional a la redacción de estas lecciones sino también su corazón y su estímulo. Varias personas más han contribuido con su valiosa intuición a conformar el contenido de estas lecciones. Entre ellas están Karla Tesch, David Conner, Dave Evans, Rhonda McEwen, Arturo Cuba y Gary Zander. También damos las gracias a Warren Walsh, Marit Newton, Richard Kim, Janice Manuel y a los demás profesionales de YWAM Publishing-Editorial JUCUM, por el tiempo y energía invertidos en la preparación de estos manuales. Ha sido un gran honor y un privilegio trabajar con un equipo tan maravilloso de hermanos y hermanas comprometidos con Cristo.

Índice

Prefacio

¡Saludos de un compañero peregrino! Me agrada sobremanera que usted comience este estudio bíblico. Mi pasión consiste en ver crecer a las personas en su relación con el Rey Jesús y prosperar en su reino. Mi plegaria es que este libro y el proceso de aprendizaje que conlleva sean de gran bendición para usted.

El estilo de vida del reino es una serie basada en la analogía de un árbol. La Biblia recurre a menudo a la metáfora de un árbol para ilustrar la vida cristiana sana. Jesús dijo: «Mi Padre es glorificado cuando ustedes dan mucho fruto y muestran así que son mis discípulos» (Juan 15:8). El Salmo 1 describe al varón bienaventurado como «árbol plantado a la orilla de un río que, cuando llega su tiempo, da fruto y sus hojas jamás se marchitan. «Todo cuanto hace prospera» (ver. 3). Las «corrientes de aguas» representan la palabra de Dios, o la «ley del Señor» (ver. 2).

Lo mismo sucede con nuestras vidas. Para llevar fruto abundante tenemos que estar arraigados en la palabra de Dios. No sólo hemos de deleitarnos y meditar en ella (Sal. 1:2), sino ponerla en práctica. El apóstol Santiago nos advierte: «No se contenten sólo con escuchar la palabra, pues así se engañan a ustedes mismos...» (Sant. 1:22). En la fuerza que Cristo concede hemos de conformar todo aspecto de nuestra vida a la palabra de Dios. Ella debe moldear nuestra relación con Jesús, nuestra vida vocacional, nuestra relación con los miembros de la familia, con los creyentes y nuestro ministerio a las comunidades, las naciones y el mundo. En esto consiste la serie Estilo de vida del reino. Trata de ayudarle a profundizar su relación con el Dios asombroso y glorioso, rey del universo, y a aumentar su conocimiento de su palabra poderosa; de ayudarle a vivir cada faceta de su vida con base en esta relación y conocimiento. En definitiva, le ayuda a llevar buen fruto para la gloria de Dios. No hay vida que se pueda comparar con la vida gozosa, llena de paz y de propósito vivida para Dios, en su fuerza y conforme a su Palabra.

Este estudio particular, *La cosmovisión del reino de Dios*, explora lo que significa pensar «cristianamente» en cada aspecto de la vida y vivir una vida coherente con esta perspectiva. Según el respetado y erudito y teólogo evangélico John Stott, «una mente que ha captado firmemente las premisas básicas de la Escritura y está plenamente informada con la verdad bíblica...puede abordar con integridad cristiana los problemas del mundo contemporáneo. Puede pensar incluso "cristianamente" acerca de los tópicos más "seculares", es decir, desde una perspectiva cristiana»[1].

¿Cuáles son los temas y premisas principales de la Escritura? ¿Cuál es el «gran relato» que narra la Biblia? Si se echa una ojeada general a la Escritura se verá que Dios ha tejido sobrenaturalmente sus libros para componer una «meta-historia.» Esta gran historia se halla en la Biblia puede dividirse en cuatro fases principales: la creación, la caída, la redención y la consumación. Esta historia nos proporciona una cosmovisión cristiana global. Como ocurre con otras perspectivas, la cosmovisión bíblica responde a las grandes cuestiones de la vida: ¿qué es la realidad en última instancia? ¿Qué es el hombre? ¿Cuál es el propósito de la existencia humana? ¿Hacia dónde se dirige la historia? Sin embargo, sólo la cosmovisión bíblica responde a estas preguntas desde la perspectiva de Dios —el Creador y Señor del universo.

Pensar «cristianamente» es esencial para ser discípulo de Cristo. Si, como cristianos, no acertamos a pensar y actuar intencionadamente desde una cosmovisión cristiana, pensaremos y actuaremos, por defecto, conforme a las creencias predominantes de las culturas que nos circundan, lo cual acarreará consecuencias perjudiciales para nuestra fe y disminuirá nuestra capacidad para transformar la sociedad. Mi plegaria es que este estudio le ayude a vivir intencionalmente, cada instante, apoyado en las premisas de la Escritura en cada aspecto de su vida

—la esencia misma que le permite ser la sal y la luz que Jesús nos mandó ser.

Que la gracia y el gozo abunden en su vida.

Colaborador al servicio del Rey y de su reino,
—Randy Hoag
Presidente de *Fundación Contra el Hambre*

Acerca de este estudio

En este trabajo estudiaremos la cosmovisión bíblica —la perspectiva del reino de Dios— y explicaremos que revestirse de ella y ponerla en práctica es esencial para vivir una vida fructífera y abundante —que Dios pueda usar eficazmente para transformar las naciones—. El estudio se puede emprender individualmente o en grupo pequeño y se divide en ocho sesiones.

Tema de cada sesión

Sesión 1. Definiremos el concepto de cosmovisión y veremos que las ideas tienen consecuencias. La cosmovisión personal determina la manera como uno vive, como se relaciona con su familia y concibe su trabajo y la función que desempeña en la sociedad.

Sesión 2. Examinaremos cómo operan las cosmovisiones en el mundo. Cada sociedad abraza una cosmovisión que llega a ser dominante porque es aceptada por la mayoría. Las cosmovisiones se propagan geográficamente y calan en lo más hondo del tejido social. A pesar de la amplia variedad de cosmovisiones que hay en el mundo, la Biblia enseña que sólo hay una cosmovisión verdadera. Cuando alguien se «reviste» de la cosmovisión bíblica, contempla el mundo y su propia vida como realmente son.

Sesión 3. Examinaremos la cosmovisión bíblica en mayor profundidad. En su centro subyace el Dios infinito y personal, Creador de todas las cosas y cuya existencia real define toda la realidad.

Sesión 4. Descubriremos lo que enseña la Biblia acerca de la vida humana: que toda vida humana ha sido creada por Dios y dotada de valor y dignidad. La vida humana es sagrada. Descubriremos también que el trabajo es sagrado porque Dios trabaja y nosotros hemos sido creados a su imagen. Él nos ha asignado la tarea de trabajar en su «jardín» y cuidar de él. Finalmente veremos que los hombres y mujeres en su estado natural, no redimido, están en rebelión contra Dios.

Sesión 5. Exploraremos lo que afirma la Biblia acerca de la creación. Dios es el Creador del mundo físico. Él existía antes de crearlo y le dio existencia con su palabra. Dios creó el mundo natural con la capacidad de crecer y expandirse. Por ejemplo, un árbol tiene el potencial de expandirse para formar un bosque y las personas pueden usar su creatividad para estudiar la creación y descubrir nuevos recursos. A los hombres y a las mujeres les encargó también ejercer autoridad sobre la naturaleza. Esta autoridad bíblica no significa dominio sino mayordomía y cuidado. Hemos de proteger, conservar y apreciar la creación de Dios.

Sesión 6. Echaremos un vistazo a la concepción bíblica de la historia. Dios es el autor de la historia; por tanto, ésta tiene sentido y propósito. La Biblia es el registro de la revelación del plan redentor de Dios a través de la historia. Cada vida humana tiene una importancia inmensa porque Dios usa a las personas para revelar su plan que abarca toda la historia. Él ha concedido a cada persona talentos únicos y dones para este mismo propósito.

Sesión 7. Examinaremos cómo Satanás, «el padre de la mentira», se opone a la cosmovisión bíblica distorsionándola. Las distorsiones adoptan la forma de cosmovisiones falsas. Las mentiras, una vez creídas, afectan a las personas y a las naciones. Las mentiras de Satanás se cuelan en las costumbres, prácticas, instituciones, estructuras sociales y leyes. Sólo la verdad de Dios puede engendrar alivio, libertad y sanidad.

Sesión 8. Nos centraremos en las formas prácticas que podemos adoptar para vivir una vida basada en la cosmovisión bíblica. Descubriremos que «desvestirse» de falsas creencias y «revestirse» de la verdad no ocurren automáticamente en la conversión. Es un proceso de por vida que requiere un estudio disciplinado de la palabra de Dios. Embarcarse en este proceso implica experimentar una transformación de mentalidad; una mente transformada conduce naturalmente a una transformación de conducta y, en última instancia, de la vida entera. Hemos de ser «sal y luz» y exhibir la cosmovisión bíblica por barrios, comunidades y países. Al hacerlo, la cultura se transforma y el país es discipulado.

Secciones de cada sesión

Palabras claves. Después de una narración inicial, cada sesión incluye un análisis de algunas de las palabras claves halladas en ella. Además de leer las definiciones dadas, el lector puede utilizar otros recursos adicionales como un diccionario o un comentario de la Biblia para un estudio más detenido de esos términos. La comprensión de ciertas palabras le ayudará a obtener un mayor rendimiento de este estudio.

Versículos claves. Después de estudiar las palabras claves hallará un pasaje de Escritura para cada sesión. Lea atentamente la cita y responda las preguntas formuladas. Estos pasajes proporcionan una referencia bíblica para la enseñanza del tema de cada sesión. Ya sea que se dirija un grupo pequeño, que participe en él, o que estudie solo, puede consultar las respuestas sugeridas para cada sesión en los Versículos claves y en las Notas de estudio que se facilitan al final del libro. No todas las preguntas esperan una respuesta del tipo «verdadero» o «falso»; las sugerencias le ayudarán a estimular su pensamiento.

Intuiciones bíblicas. La sección narrativa constituye el corazón de cada sesión. Léala detenidamente y tome notas a medida que lo hace. Mientras vaya leyendo, subraye los puntos significativos o importantes y escriba las preguntas que se le ocurran.

Preguntas de descubrimiento. Esta sección está concebida para guiarle a la palabra de Dios y alcanzar un mejor entendimiento del material que cubre la sección Intuiciones bíblicas. Las respuestas sugeridas para estas preguntas se pueden encontrar en las Notas de estudio, al final del libro.

Puntos para recordar. Esta sección resume brevemente los puntos claves de cada sesión.

Pensamientos finales. Esta sección presenta una conclusión del tema que marca una transición del núcleo de la sesión a la aplicación personal que le sigue.

Aplicación personal. Esta parte está destinada al estudio personal. Las preguntas están concebidas para ayudarle a reflexionar sobre su propia vida y experiencias, e invitarle a hacer una aplicación personal.

Una respuesta práctica. Las actividades opcionales sugeridas al final de esta sesión le ayudarán concretamente a aplicar las enseñanzas bíblicas presentadas en la lección. Si usted dirige un grupo pequeño le rogamos que lea la Guía del líder o responsable antes de comenzar. En ella se ofrecen las orientaciones que le ayudarán a maximizar el aprovechamiento del aprendizaje en el grupo.

Así pues, lancémonos a inquirir las Escrituras y a descubrir el poder y la majestad de la cosmovisión bíblica —la única que describe la realidad tal cual existe realmente, como Dios la creó, la única cosmovisión que conduce a la vida y proporciona un fundamento para una sociedad libre, justa y compasiva.

El poder transformador de la verdad

> ¿...sino de tener cuidado de la levadura de fariseos y saduceos?
>
> —Mateo 16:11

Sucedió durante mi segundo año en Japón, donde serví como misionero cuando tenía veintitrés años. Yo había viajado anteriormente al extranjero pero esta era la primera vez que me había instalado realmente en otro país, y como la mayoría de la gente que vive en el extranjero, la experiencia me permitió recapacitar en cuán profundamente me había marcado mi cultura nativa. El contraste entre mi vida cotidiana y la de los japoneses que conocí hizo brotar varias presuposiciones mías, de modo que una buena parte de lo que afloró por primera vez no me gustó. Comencé a darme cuenta de que mi vida no había sido moldeada tanto por la verdad bíblica como por un conjunto de ciertos valores estadounidenses modernos.

Jesús usó una palabra para las presuposiciones mentales que contaminan nuestras percepciones: «levadura». Jesús advirtió a sus discípulos en Mateo 16:11-12 que se guardaran de la «levadura de los fariseos y los saduceos». Los fariseos y los saduceos eran los principales maestros filosóficos y religiosos de su tiempo. Conformaban la élite cultural cuyas enseñanzas jugaban un papel importante para conformar la sociedad judía. Igual que la levadura lauda un pedazo de masa, así las enseñanzas de los fariseos y los saduceos penetraban e influían en la cultura que compartían los discípulos. Su influencia iba conformando insidiosa e implacablemente la concepción del mundo de los discípulos sin que ni siquiera éstos se dieran cuenta de ello. Jesús, en efecto, quiso decir: «Aunque lean las escrituras y aunque anden conmigo, están siendo influenciados por ideas mundanas hasta tal punto que no aciertan a comprender las importantes lecciones que estoy intentando enseñarles. ¡Guárdense!»

Lo mismo que les aconteció a los discípulos, la «levadura» mundana de nuestra cultura nos moldea a todos en formas que no solemos reconocer. Cada uno de nosotros abriga un modelo mental del mundo, un conjunto de ideas o suposiciones acerca de lo que cree que es verdadero o falso, recto o incorrecto. Estas suposiciones perfilan nuestras elecciones y determinan en definitiva la clase de vida que llevamos. Puesto que soy una persona que ha crecido en los Estados Unidos de América hacia finales del siglo XX, he sido influenciado por valores tales como un acentuado individualismo, un relativismo moral, consumismo y, sobre todo, por una necesidad personal de comodidad y desenfreno. Cuanto más tiempo pasé en Japón, más advertí que yo practicaba estos «valores.» A través de esta crisis espiritual comprendí que mi fe necesitaba un reajuste. Había algo más que mi relación personal con Jesús. Más que la asistencia a la iglesia, que el estudio bíblico e incluso que las obras de caridad. Aunque todos estos elementos son importantes para una vida cristiana sana, no son suficientes. Llegué a descubrir que «el cristianismo genuino es una forma de ver y comprender la realidad. Es una cosmovisión»[2].

La base para una cosmovisión bíblica es la revelación de Dios en las Escrituras. Ésta nos enseña que «Todo lo que existe llegó a existir por mandato de Dios y, por lo tanto, está sujeto a él, tiene su propósito y su sentido en él. De aquí se deduce que en todo tópico que se investiga —desde la ética hasta la economía y la ecología— la verdad sólo se halla en relación con Dios y su revelación»[3]. Como los primeros padres de la iglesia solían decir: «Toda verdad es verdad de Dios».

Los humanos somos seres sociales. Desarrollamos una mentalidad —una forma de ver el mundo— a partir de nuestra cultura. Tendemos a pensar como piensa nuestra cultura y a apreciar lo que ésta aprecia. Esto es parte de lo que significa ser humano. No obstante, al aceptar a Cristo como Salvador, nuestra mentalidad debe ser renovada. La palabra arrepentirse —del griego *metanoeo*— significa cambiar de mentalidad. El arrepentimiento se produce cuando se ve el mundo como Dios lo creó, y después se vive dentro de ese marco. Nosotros debemos tener la mente de Cristo (1 Cor. 2:16). Hemos de «llevar cautivo todo pensamiento para que se someta a Cristo» (2 Cor. 10:5). Ya no hemos de «amoldarnos al mundo actual, sino ser transformados mediante la renovación de nuestra mente» (Rom. 12:2). Al acudir a Cristo, el creyente comienza a pensar «cristianamente» y se reviste progresivamente de la mente de Cristo, no de la mentalidad heredada de nuestra cultura.

Entender el cristianismo como una cosmovisión es importante, no sólo a título personal, sino también para la sociedad y las naciones del mundo. Los últimos 150 años han sido testigos de un movimiento misionero sin precedentes encaminado a predicar el evangelio y fundar iglesias entre los «menos evangelizados» del mundo. En gran medida, este movimiento ha tenido éxito con base en la misión que emprendió: salvar almas y fundar iglesias.

Actualmente existen más iglesias y cristianos que en cualquier otro periodo de la historia. Pero, desgraciadamente, la pobreza y la corrupción siguen existiendo en los países que ya habían sido evangelizados. La pobreza moral y espiritual prevalece en el Occidente «cristiano». En muchas partes del mundo en donde la iglesia prospera, su crecimiento alcanza un kilómetro de ancho y un centímetro de profundidad. Ha perdido su característica de ser la sal y la luz de la sociedad (Mat. 5:13-16).

Agustín, el insigne padre de la iglesia, reconoció que «la cosmovisión dominante de un pueblo conforma inevitablemente el mundo que contempla»[4]. Según la Biblia, Satanás, el archienemigo de Dios, no sólo engaña a los individuos sino también a las naciones (Apo. 20:3). Sus mentiras son la causa última del sufrimiento, la corrupción y la pobreza que vemos en nuestra propia cultura y en todo el mundo. Pero la iglesia puede contrarrestar las mentiras de Satanás proclamando la verdad.

Después de su resurrección, el Señor Jesús se apareció a sus discípulos y les anunció: «Se me ha dado toda autoridad en el cielo y en la tierra». Entonces les encomendó hacer «discípulos de todas las naciones» yendo, bautizando y enseñando (Mat. 28:18-20). Puesto que Jesús es el Creador y Señor de todas las cosas, su mandamiento de hacer discípulos implica mucho más que «hablar» simplemente a las naciones acerca de Jesús. Es necesario demostrar la realidad del Señorío de Jesús en nuestra vida, familia, vocación, comunidad y cultura. Debemos mostrar al mundo la plenitud de la cosmovisión bíblica. La verdad, además de cambiar vidas, también transforma culturas. En palabras del autor y activista cristiano Charles Colson: «Dios no sólo se preocupa por redimir almas, sino por restaurar su creación... Nuestra tarea no sólo consiste en edificar la iglesia sino en edificar la sociedad para la gloria de Dios.»[5]

¿Qué es una cosmovisión?

Josie trabajaba para las fuerzas de paz como enferme-
ra en el hospital de la misión Serabu, Sierra Leona,
África occidental. Acababa de impartir un curso de microbiolo-
gía a diez estudiantes de enfermería en Sierra Leona. Todos ellos
aprobaron sus exámenes. Demostraron que comprendían que
los virus, las bacterias, y otros microorganismos microscópicos
causan ciertas enfermedades. Después de haber comentado los
resultados obtenidos en el examen final, un estudiante levantó
la mano y preguntó:

—Señorita Josie, usted nos ha enseñado cómo se enferman los
blancos, pero ¿desea saber cómo se enferma *realmente* la gente aquí?

—¿Cómo?—preguntó Josie intrigada.

—Las enfermedades están relacionadas aquí con las *brujas*. Son
invisibles, vuelan por la noche y muerden a la gente por la espalda.

Josie nos explicó más tarde: «En aquel momento—con tristeza en mi corazón— me di cuenta de que, por lo que respecta
a los estudiantes de Sierra Leona, yo no sabía de qué estaba

hablando al referirme a la causa de las enfermedades. Sus abue-
las les habían enseñado que las brujas eran reales y que los blancos creían en los microorganismos»[1].

Josie y sus alumnos de enfermería habían adoptado un conjunto de supuestos distintos en cuanto a la causa de las enfermedades. Cada conjunto de supuestos formaba parte de la cosmovisión
de su sostenedor, o de su «sistema de creencias». Josie creía en una
causa física de la enfermedad; sus alumnos en una espiritual o
sobrenatural. Aunque la manifestación de una enfermedad particular fuera la misma, Josie y sus alumnos tenían una comprensión
distinta de su naturaleza y de su causa. Sus respectivas creencias se
asentaban sobre distintas cosmovisiones y originaban ideas con-
flictivas acerca de la cura de las enfermedades.

En esta sesión descubriremos más acerca de las cosmovisiones —qué son, cómo operan, y por qué es tan crucial para los
seguidores de Jesucristo entenderlas y examinarlas.

PALABRAS CLAVES

Definición de Cosmovisión

Supuesto (asunción)

Asumir es creer un concepto o punto de vista sin pensar en él de
una manera crítica. Es dar algo por sentado. Cada uno de nosotros asumimos muchas cosas; esas creencias se pueden sostener
consciente o inconscientemente

Cosmovisión

Una cosmovisión es el conjunto de supuestos que sostiene una
persona, consciente o inconscientemente, acerca del mundo y su
funcionamiento[2]. A veces, se hace referencia a ella como «sistema de creencias» o «mentalidad». Normalmente adquirimos
una cosmovisión en la niñez y juventud, aunque después, en

fases más avanzadas de la vida, rara vez examinamos los supuestos que la componen.

Realidad

La *realidad* no es más que lo que verdaderamente existe, en la manera en que funciona. El término comprende tanto el ámbito natural como el sobrenatural —*todo* lo que existe—. La *realidad* hace alusión a los hechos últimos de la existencia, no sólo a lo que creemos que sabemos o vemos, o deseamos que fuera verdad. Nuestro entendimiento de la realidad es siempre condicional y está sujeto a cambios a lo largo del tiempo; está limitado por nuestra capacidad humana de comprensión, por nuestro estado presente de conocimiento, y por las fuentes que usamos para sostener nuestros puntos de vista. Los creyentes entienden que la verdadera realidad procede de la naturaleza y voluntad de su Creador y sustentador. El teólogo Paul Tillich escribió acerca de Dios como la *Realidad última*. De manera que, al aceptar a Dios como Señor de nuestras vidas, consagramos nuestra propia vida sobre la base de la realidad verdadera, no basándonos en normas inferiores de confianza, entendimiento o determinación de opciones correctas.

VERSÍCULOS CLAVES

Con todo tu corazón y toda tu mente

Los fariseos se reunieron al oír que Jesús había hecho callar a los saduceos. Uno de ellos, experto en la ley, le tendió una trampa con esta pregunta: —Maestro, ¿cuál es el mandamiento más importante de la ley?

—«Ama al Señor tu Dios con todo tu corazón, con todo tu ser y con toda tu mente» —le respondió Jesús—. Este es el primero y el más importante de los mandamientos. El segundo se parece a éste:

«Ama a tu prójimo como a ti mismo». De estos dos mandamientos dependen toda la ley y los profetas.»
—*Mateo 22:34-40*

1. ¿Cuál es el principal mandamiento del que depende toda la ley?

   _____

   _____

2. ¿Qué cree usted que significa amar a Dios con todo su corazón?

   _____

   _____

3. ¿Qué cree que significa amar a Dios con toda su mente?

   _____

   _____

4. ¿Por qué es importante amar a Dios con la mente y el corazón?

   _____

   _____

INTUICIONES BÍBLICAS

Anteojos para la mente

Así como le sucedió a Josie y a sus estudiantes, todos nosotros poseemos una cosmovisión. Las cosmovisiones perfilan nuestras elecciones y la manera en que vivimos. Según el erudito Samuel Huntington: «En la recámara de la mente se hallan ocultas las presuposiciones…que determinan la manera como percibimos la realidad, en qué hechos nos fijamos y cómo juzgamos su importancia y sus méritos»[3]. Estos supuestos ocultos también determinan lo que creemos que es real y verdadero, recto e incorrecto, bueno y hermoso»[4]. Por esta razón, es práctico e importante entender la propia cosmovisión.

Nuestras cosmovisiones conforman literalmente quiénes somos. Las creencias están profundamente grabadas en las mentes y resulta difícil arrancarlas. En muchos casos no somos  conscientes de su existencia hasta cuando las desafían otros puntos alternativos de vista. No obstante, es fundamental para todo seguidor de Cristo que su cosmovisión esté arraigada en la verdad bíblica, o si por el contrario la cultura circundante ha conformado sus creencias.

Nuestras cosmovisiones funcionan en muchos sentidos como unos anteojos para la mente. Las llevamos puestas todo el tiempo, moldean y colorean todo lo que vemos. Llaman nuestra atención sobre ciertos asuntos mientras filtran o excluyen otros. La cosmovisión de Josie centraba su atención en las causas físicas de la enfermedad: los organismos microscópicos que afectan negativamente la vida celular del cuerpo humano. Al mismo tiempo, su cosmovisión tendía a excluir las posibles causas espirituales de la enfermedad. Mientras tanto, la cosmovisión de los estudiantes de enfermería de Sierra Leona asumía lo contrario.

A medida que nos desarrollamos, otros nos imparten sus hipótesis acerca de la realidad. Nuestra creencias se modelan con los aportes de los padres, amigos, maestros, mentores y roles modelos. La cultura más amplia en que nos movemos también influencia nuestra cosmovisión, pues la vamos absorbiendo con el discurrir de la vida, a través de fuentes como la televisión y la radio, las lecturas, la música que escuchamos, e incluso las conversaciones que mantenemos.

Las grandes cuestiones de la vida

Las cosmovisiones son extremadamente importantes, en parte nos ayudan a responder a las «grandes cuestiones de la vida». Por ejemplo: ¿existe Dios? Si existe, ¿cómo es? ¿O estamos solos en un universo impersonal? ¿Hay muchos dioses? Si es así, ¿cómo son y cómo se relacionan con nosotros? ¿Quién soy yo y cuál es el propósito de mi vida? ¿Cómo debo yo entender el mundo natural que me rodea? ¿Tiene finalidad la historia o carece de sentido? ¿Avanza la historia hacia alguna parte? Si es así, ¿hacia dónde? ¿Qué sucede después de la muerte? ¿Por qué hay tanto dolor y sufrimiento en el mundo?

Imagine por un momento que usted es un granjero que ha dedicado toda una temporada a cultivar la tierra, pero la lluvia nunca llega y la cosecha se pierde. Podría preguntarse: «¿Por qué está sucediendo esto?» O imagine que es padre de familia y que su hijo perece en un accidente de tráfico. Podría preguntarse: «si Dios es bueno, ¿cómo puede permitir que esto suceda?» Su cosmovisión trata de responder inmediatamente a esas preguntas.

Curiosamente, cuando uno viaja por el mundo descubre que las grandes cuestiones de la vida son básicamente las mismas en todas partes. Sin embargo, las respuestas varían enormemente. Esto es así porque se apoyan en distintos postulados acerca de la vida.

Las ideas acarrean consecuencias

Uno de los propósitos de este estudio es proporcionarle una oportunidad —quizás por primera vez— de examinar su propia cosmovisión. Esperamos que se quite los anteojos de su cosmovisión, los sujete el tiempo necesario, y los examine atentamente. Este es un ejercicio extraordinario —¡de los más importantes que se pueden hacer!— Su cosmovisión no es simplemente un conjunto de ideas que dan vueltas en su cabeza, sin relación con el resto de su vida. Antes bien, determina en gran medida la manera como vive, como funciona dentro de su familia, el rol que desempeña en su comunidad, y el tipo de sociedad y nación que va creando en compañía de otros.

Se puede comparar una cosmovisión con las raíces de un árbol frutal. No se pueden ver las raíces. Están ocultas bajo tierra. Sin embargo, determinan la clase de fruto que produce. Jesús empleó esta analogía para avisarnos de las enseñanzas de los falsos profetas:

> Cuídense de los falsos profetas. Vienen a ustedes disfrazados de ovejas, pero por dentro son lobos feroces. Por sus frutos los conocerán. ¿Acaso se recogen uvas de los espinos, o higos de los cardos? Del mismo modo, todo árbol bueno da fruto bueno, pero el árbol malo da fruto malo. Un árbol bueno no puede dar fruto malo, y un árbol malo no puede dar fruto bueno. Todo árbol que no da buen fruto se corta y se arroja al fuego. Así que por sus frutos les conocerán.
>
> —Mateo 7:15-20

La verdad objetiva está registrada en las páginas de la Escritura. Pero Jesús nos advierte que las mentiras también existen, y que a veces son sutiles y difíciles de detectar. Llegan a través de los «falsos profetas», que se «visten con pieles de ovejas, pero por dentro, son lobos rapaces». Jesús también nos asegura que hay un nexo directo entre las ideas falsas (las raíces) y el resultado o consecuencia de las falsas ideas en la vida cotidiana (el fruto). Si nuestras raíces están formadas según la verdad de Dios, el fruto de nuestra vida reflejará esa verdad y supondrá una añadidura buena, positiva, a nuestro mundo. Por otro lado, si nuestra vida es consecuencia de raíces deformadas por la mentira, nuestro fruto sólo puede ser más de lo mismo, sin valor alguno, sólo apto para ser desechado. Al igual que el que mira un árbol no ve las raíces, los que observan nuestra vida y actos cotidianos no aciertan a ver nuestra cosmovisión. Como las raíces del frutal, nuestra cosmovisión existe debajo de la superficie de nuestra vida. No obstante, lo mismo que las raíces del frutal, nuestra cosmovisión produce un fruto que reúne las mismas características que ella. Las cosas que apreciamos, las decisiones que tomamos y nuestros actos cotidianos, emanan de los supuestos que sostenemos acerca de las grandes cuestiones de la vida.

En resumen, nuestras cosmovisiones producen cierta especie de fruto o consecuencias en la vida cotidiana. Una cosmovisión sana —basada en la verdad bíblica— produce consecuencias beneficiosas. Mientras que una contaminada —basada en la mentira— produce consecuencias destructivas. Éstas afectan, no sólo nuestras vidas sino también las de los que nos rodean. Esta razón es suficiente para examinar nuestras cosmovisiones detenidamente.

PREGUNTAS DE DESCUBRIMIENTO

Un cambio de perspectiva

La Biblia nos enseña que una persona «nace de nuevo» (Juan 3:3-16) cuando acepta las buenas nuevas de Cristo por fe. Con todo, confiar en Jesús para obtener salvación no significa necesariamente que uno posee de inmediato una cosmovisión comprehensiva bíblica. El proceso de renovación de la mente con la verdad dura toda la vida. No fue distinto para los discípulos de Cristo; ¡ellos anduvieron y conversaron con el Señor todos los días! En esta sesión examinaremos una ocasión en que las presuposiciones falsas de los discípulos entraron en conflicto con la verdad.

1. Lea Marcos 10:32-45. ¿Cuál es el contexto de este debate? ¿Qué está a punto de ocurrir?

    _____

    _____

2. ¿Qué querían Santiago y Juan que Cristo hiciera por ellos?
    (vs. 35-37)

    _____

    _____

    _____

3. ¿Por qué no pudo Cristo responder a su petición? (vs. 38-40)

    _____

    _____

    _____

4. ¿Cómo reaccionaron los discípulos? (v. 41)

    _____

    _____

    _____

5. ¿Según qué patrón mide el mundo la grandeza? (v. 42)

    _____

    _____

    _____

6. ¿Cómo mide Cristo la grandeza? (vs. 43-44)

    _____

    _____

    _____

7. ¿Qué cosa no vino Cristo a hacer en la tierra? (v. 45)

    _____

    _____

8. ¿Cuáles son las dos cosas que vino a hacer Cristo? (v. 45)

    _____

    _____

9. Los discípulos vieron las cosas desde una perspectiva centrada en sí mismos pero Jesús las vio desde la verdadera realidad. En el esquema que aparece más abajo, identifique las perspectivas de cada cosmovisión partiendo de Marcos 10:32-45. Tómese la libertad de recurrir a su conocimiento de otros pasajes de la Escritura.

	La perspectiva de los Discípulos	La perspectiva de Jesús (realidad)
¿Quién es Cristo?		
¿Qué es el reino?		
¿Cómo será la vida futura de los discípulos?		
¿Cómo debemos vivir?		

10. Apoyándose en su conocimiento de la Escritura, describa algunos sucesos ocurridos en la vida de los discípulos que retaron sus cosmovisiones falsas y provocaron un ajuste con

la realidad. Puede consultar Lucas 24:13-34, Juan 4:5-42, Mateo 14:13-20, Mateo 15:1-20, Juan 13:1-17.

_____

_____

_____

_____

_____

_____

PUNTOS PARA RECORDAR

Repaso del concepto de cosmovisión

1. Una cosmovisión es el conjunto de supuestos que una persona sostiene, consciente o inconscientemente, acerca del mundo y de su funcionamiento.

2. Todos nosotros tenemos cosmovisiones. Están profundamente grabadas en nuestras mentes.

3. Una cosmovisión nos ayuda a responder a las «grandes cuestiones de la vida».

4. Una cosmovisión determina en gran medida cómo vivimos, cómo actuamos en nuestras familias, cómo contemplamos nuestro trabajo y qué roles desempeñamos en la sociedad.

PENSAMIENTOS FINALES

Discipulado de la mente

Según el autor y erudito James Sire: «Una cosmovisión es un mapa de la realidad; y como cualquier mapa, puede incluir lo que realmente está ahí, o puede desorientar (mucho). El mapa no es el mundo en sí mismo, por supuesto; sólo una imagen, más o menos precisa en algunos lugares y deformada en otros. A pesar de ello, llevamos tal mapa en nuestra composición mental y actuamos guiados por él. Todo nuestro pensamiento lo presupone. La mayor parte de nuestra experiencia encaja en él»[5].

Sólo hay un mapa que refleja exactamente la realidad tal cual existe en verdad. Este «mapa» es la cosmovisión bíblica. El mundo entero es del Señor. Él lo creó todo. Amar a Dios con toda tu mente significa procurar entenderlo todo a la luz de la verdad revelada por Dios en la Escritura. Significa trabajar en el entendimiento de los decretos de Dios para toda la creación, el mundo natural, las sociedades, las empresas, las escuelas, el gobierno, la ciencia y las artes. Significa desarrollar una cosmovisión bíblica, lo cual supone un viaje gratificante y enriquecedor para un discípulo de Cristo.

APLICACIÓN PERSONAL
¿Cuál es su perspectiva?

Aproveche estas preguntas para aplicar los principios de la lección mientras realiza su viaje de desarrollo de la cosmovisión bíblica y aprende a amar a Dios con toda su mente.

1.   Piense en una ocasión en que alguien retó algún elemento de su cosmovisión con una cosmovisión diferente. Tal vez fuera un amigo o miembro de la familia que no es creyente, o un ciudadano de otro país o experiencia cultural. ¿Cómo respondió usted? ¿Cómo le ayudó a ser más consciente de su propia cosmovisión?

_____

_____

_____

_____

2. ¿Hay una o varias cuestiones fundamentales de la vida que no ha acertado a responder? ¿Cómo aporta su cosmovisión algunas respuestas a estas cuestiones?

   _____

   _____

   _____

3. Piense en una persona que sostiene una cosmovisión distinta a la suya. ¿Cómo responde él o ella a las grandes cuestiones de la vida?

   _____

   _____

   _____

4. Considere la influencia que han ejercido en su vida algunos miembros de su familia, maestros, amigos, figuras de autoridad, medios de comunicación (libros, televisión, películas, música, revistas), eventos culturales, celebraciones y tradiciones religiosas. ¿Cuáles han sido algunas de las mayores influencias que han conformado su cosmovisión? Describa cómo se produjo esa influencia.

   _____

   _____

   _____

5. Tómese un momento para reflexionar en el «fruto» que su cosmovisión ha producido en su vida. ¿Cuáles son algunos de los «frutos buenos»? ¿Puede rastrear estos frutos buenos hasta los supuestos fundacionales de su cosmovisión? Si es así, ¿cuáles son?

   _____

   _____

   _____

6. ¿Qué decir acerca de los «frutos malos» en su vida? Enumérelos, y describa los supuestos de la cosmovisión que influyó en ellos.

    _____

    _____

    _____

    _____

7. Con la ayuda de Dios, ¿cómo puede minimizar los malos frutos futuros?

    _____

    _____

    _____

UNA RESPUESTA PRÁCTICA
¿Cuál es la perspectiva de su país?

¿Cuáles son los supuestos y valores generalmente aceptados que conforman la cosmovisión de su país? Confeccione una tabla como la que aparece más abajo y añada otras categorías relevantes si lo desea. Describa como cree que la mayoría de sus conciudadanos enfocan cada tema o tópico. Si los ciudadanos de su país sostienen opiniones diversas, enumere las principales. Si lo prefiere, exprese las perspectivas de su país con fotografías o dibujos descriptivos en vez de palabras.

Cuando haya terminado, repase cada categoría y exprese sus sentimientos acerca de los supuestos y valores que haya identificado. Luego compare sus valores y supuestos personales con las perspectivas de su país. ¿En qué coinciden? ¿En qué difieren? ¿Por qué?

Escoja un punto de vista sobre el que pueda influir positivamente en este mes. Por ejemplo, si sus paisanos tienen un bajo concepto de otros países, ¿qué puede hacer para educarse a sí mismo y a los demás acerca de las cualidades de ese otro país?

Temas o tópicos	Valores y supuestos generalmente aceptados en su país
Apariencia	
Vida familiar	
Libertad	
Gobierno	
Salud	
Otros países	
Prosperidad	
Religión	
Éxito	
Trabajo	

La próxima sesión: *Exploraremos cómo operan las cosmovisiones*

Cosmovisiones que operan en el mundo

A principios del siglo XIX las iglesias estaban tan involucradas en la beneficencia comunitaria que corría el rumor de que promovían un «Imperio Benevolente»[1]. Innumerables organizaciones cristianas de beneficencia servían a los pobres cubriendo sus necesidades físicas y materiales y distribuyendo folletos y Biblias. Las creencias bíblicas subrayaban la mayor parte de esta actividad. Los cristianos adoraban a un Dios que, a través de su muerte en la cruz, exhibió el significado literal de la compasión: *sufrir juntamente con otro*. En consecuencia, muchos cristianos se entregaron sinceramente a sí mismos y «sufrieron con» los pobres. Se sacrificaron en gratitud por el sufrimiento de Dios por ellos y como prueba de obediencia a la enseñanza bíblica. Adoraban a un Dios que sembraba compasión y al mismo tiempo exigía un cambio, de manera que ellos también trabajaban por la transformación espiritual y personal de la gente a la que servían.

Pero a principios de la década de 1840 las cosas comenzaron a cambiar. Uno de los primeros retos a tal consenso de beneficencia provino de un destacado periodista de aquella época, Horacio Greeley, fundador y editor del diario *New York Tribune*. Al contrario de la enseñanza bíblica, Greeley creía que «el corazón del hombre no estaba corrompido, y que sus pasiones no le arrastraban a hacer el mal; por lo tanto, sus actos no producían maldad»[2]. también creía que la pobreza desaparecería mediante la redistribución de la riqueza de los ricos a los pobres, de modo que todos recibieran partes iguales. Según Greeley, «el mal brota sólo de la represión social. Si a la gente se le concede carta blanca, plena libertad y un desarrollo perfecto y completo, entonces ha de venir, ineludiblemente, una felicidad universal… Crea una nueva forma de sociedad en la que esto sea posible…y obtendrás una sociedad perfecta, y lograrás el reino del cielo»[3].

Estas nuevas ideas penetraron en el torrente principal de la sociedad estadounidense a través de una serie de debates periodísticos encabezados por Greeley y Henry Raymond, cristiano devoto y fundador del *New York Times*. Para Raymond, las ideas de Greeley «eran abiertamente hostiles a las doctrinas bíblicas. No reconocían distinción absoluta entre el bien y el mal… Eran exactamente opuestas al cristianismo; surgían de principios fundamentalmente contrarios y apuntaban a resultados precisamente opuestos»[4].

A través de este debate público, Greeley conquistó efectivamente a muchos colegas periodistas, que, a su vez, promocionaron sus ideas en sus periódicos. Con el tiempo, las ideas de Greeley se hicieron dominantes e influenciaron la cultura. Los estadounidenses, de manera creciente, percibieron que la pobreza estaba enraizada, no en la pecaminosidad individual del ser humano (tanto del rico como del pobre), sino en las desigualdades sociales estructurales e impersonales de mayor envergadura. La solución se volvió política antes que espiritual, y se concluyó que el poder político debía ser el principal medio para avanzar hacia una sociedad justa. La teoría de Greeley implicaba que la sociedad perfecta se podía conseguir mediante la política de un gobierno ilustrado y la creación de nuevos programas y estructuras sociales. La solución definitiva para eliminar la pobreza estaba en manos del gobierno que ejercía el poder para cobrar impuestos a los ciudadanos y redistribuir la riqueza.

Hacia los años «60», la idea de que el gobierno tenía la solución se había arraigado firmemente en la cultura estadounidense, de modo que en un informe económico de 1864 el presidente Johnson se jactaba de que «la eliminación de la pobreza estaba dentro de las posibilidades del gobierno federal, estatal y local»[5]. Tal forma de pensar produjo una explosión de programas gubernamentales de bienestar. A partir de entonces se gastaron miles de millones de dólares en esta batalla del gobierno contra la pobreza. Al mismo tiempo, la gente que recibía ayuda del gobierno aumentó de 4,3 millones en 1965 a 10,8 millones en 1974[6].

Con el tiempo, el esfuerzo de la beneficencia privada con base eclesiástica decreció sobremanera. Muchos cristianos comenzaron a creer que atender al pobre no era una responsabilidad de su incumbencia sino del gobierno. Pero quizás, el legado más oscuro de este experimento de bienestar social fue la pérdida de motivación y de visión, la cual creó una dependencia de los pobres. Este sistema de bienestar perjudicó a los pobres rebajando su condición de seres humanos a «simples bocas que había que alimentar.» La noción cristiana de compasión —o de sufrir con— menguó. La compasión quedó reducida a un débil sentimiento de piedad que no invitaba a comprometerse personalmente con las vidas de los pobres.

Esta sesión explora la manera como las cosmovisiones afectan a las culturas y las sociedades. Con el paso del tiempo, la cosmovisión dominante de una sociedad puede cambiar a medida que las nuevas creencias reemplazan a las antiguas. Este cambio puede ir acompañado de extraordinarias y a veces inesperadas mudanzas sociales.

PALABRAS CLAVES
Una ojeada a cosmovisiones dominantes

Cultura/Sociedad

La palabra *cultura* procede del latín *cultus* que significa *adorno o elegancia, cultivo, refinamiento o práctica de la religión*. De ella procede la palabra española culto. Una de sus acepciones denota el conjunto de actos y ceremonias con que se tributa homenaje a la divinidad, según determinadas creencias. (A veces los arqueólogos emplean simplemente la palabra latina.) Partiendo de esta definición, una cultura es un modelo particular de pensamiento, discurso y conducta que brota de creencias muy arraigadas acerca de la naturaleza de la realidad. Este modelo, que cubre la mayoría de los aspectos de la vida de las personas, se transfiere de una generación a otra. En este sentido, solemos hablar de la «cultura japonesa» o de «la cultura latina». La cultura cambia con el tiempo debido al cambio de las creencias religiosas que la sustentan.

La palabra *sociedad* se define de manera similar. Una sociedad es un conjunto de personas de una comunidad o nación. La mayoría de ellas comparte un propósito común, tradiciones, supuestos esenciales acerca de la realidad y patrones de conducta.

Dominante

La palabra *dominante* es un adjetivo que se emplea para calificar aquello que ejerce mayor influencia. Por ejemplo, la voz dominante en una habitación donde hay varias personas es la que prevalece sobre el resto. En esta sesión, la palabra describe el conjunto de creencias que prevalecen en una sociedad.

VERSÍCULOS CLAVES

Filosofías engañosas

Cuídense de que nadie los cautive con la vana y engañosa filosofía que sigue tradiciones humanas, la que va de acuerdo con los principios de este mundo y no conforme a Cristo.

—*Colosenses 2:8*

1. La palabra *filosofía* procede de dos palabras griegas: *phileo* que significa amor, y *sophia* que significa sabiduría. Por tanto, *filosofía* significa amor a la sabiduría. ¿Qué dicen los siguientes versículos acerca de la sabiduría?

   Proverbios 2:6

   _____

   _____

   _____

   Proverbios 3:13

   _____

   _____

   _____

2. Basándose en los versículos de Proverbios, ¿cómo debe un cristiano considerar la sabiduría?

   _____

   _____

3. Colosenses 2:8 alude a la filosofía *mundana*. ¿Qué palabras emplea Pablo para describirla?

   _____

   _____

4. ¿De qué depende la sabiduría mundana?

_____

_____

_____

_____

5. ¿Qué cree que quiere decir Pablo con «los principios de este mundo?

_____

_____

_____

_____

INTUICIONES BÍBLICAS

La influencia de las cosmovisiones en la sociedad

En toda sociedad existe una cosmovisión predominante compartida por la mayoría. Sin embargo, esto no significa que todos los individuos se adhieran igualmente a tal cosmovisión. Siempre hay gente que comparte creencias minoritarias. No obstante, la cosmovisión dominante de una sociedad tiende a ejercer una mayor influencia, conformando así su cultura y sus instituciones. Determina qué cosas la sociedad estima y qué cosas no valora. Esto resulta evidente a través de sus instituciones educativas, políticas, sociales, religiosas, legales y económicas. También resuena a través de los medios de comunicación y de la cultura popular.

La cosmovisión dominante de nuestra sociedad nos influencia profundamente. No solemos darnos cuenta de esto hasta que abandonamos nuestra sociedad y visitamos otra. Entonces comenzamos a comprender —a veces con sorpresa— cuán profundamente hemos abrazado la cosmovisión dominante de nuestra sociedad.

Cosmovisiones en movimiento

Las cosmovisiones cambian constantemente. Se expanden a través de los océanos y alrededor del mundo. Un ejemplo clásico es la propagación del cristianismo. Jesús encargó a sus seguidores ser «testigos suyos en Jerusalén, en toda Judea y Samaria y hasta los confines de la tierra» (Hechos 1:8). Desde Jerusalén, el cristianismo se extendió por todos los continentes y casi a todas las naciones de la tierra.

Las cosmovisiones suelen nacer en las mentes de los intelectuales, filósofos y teólogos. A partir de estos, los artistas y los músicos las ilustran. (Se ha llegado a decir que para conocer el estilo de vida de la próxima generación no hay más que examinar el arte y la música que se hacen hoy.) Las cosmovisiones se esparcen luego y alcanzan a otras personas cultas o profesionales, maestros, abogados, pastores, periodistas y políticos. A la larga pueden «institucionalizarse» en forma de leyes, políticas de gobierno y programas educativos. A medida que continúan penetrando en una cultura, esas llegan a afectar la conducta cotidiana y el estilo de vida de sus gentes.

Las ideas se propagan a través de la cultura

Los intelectuales
Religión, filosofía

Los trovadores
Música popular, las artes

Los profesionales
Ley, política, economía

La gente común
Cultura popular, el público

Las cosmovisiones también se propagan con el tiempo, de una generación a otra. Pasan de padres a hijos. En el Antiguo Testamento, Dios instruyó a los padres de Israel —su nación escogida— para que

enseñaran escrupulosamente sus mandamientos revelados y sus leyes
de generación en generación. Esto aseguraría que el verdadero conocimiento de Dios no se perdiera o se olvidara (Deut. 4:1-10).

Una diversidad de cosmovisiones

A lo largo de la historia ha habido —y continuará habiendo—
una amplia gama de cosmovisiones. En este estudio organizamos
tan vasto espectro en tres categorías generales.

Naturalismo. El naturalismo (recibe a veces el nombre de
secularismo o materialismo) engloba un conjunto de creencias
que niegan o ignoran la existencia de la realidad espiritual. Según
el naturalismo, el universo físico es lo único que existe. No hay
Dios, o dioses, ni espíritu en los seres humanos. Todo fenómeno
que ocurre en el mundo debe ser explicado por las «leyes» defi-
nidas por la ciencia (o principios) que rigen el universo físico, las
combinaciones al azar y la interacción de la materia.

El naturalismo es hoy la cosmovisión dominante en gran parte del
Occidente industrializado. Alcanzó la supremacía mediante la acep-
tación generalizada de la teoría de la evolución natural del botánico
británico Charles Darwin (1809-1882). En el naturalismo se apoyan
las modernas creencias del cientificismo y el pos-modernismo.

*Perspectiva   Perspectiva   Perspectiva
del naturalismo   del animismo   del teísmo*

Animismo (a veces llamado panteísmo). El animismo es un
conjunto de creencias que contemplan el mundo como un lugar

lleno (o animado) de seres espirituales. Hay montones de dioses, demonios y ángeles. De hecho, según el animismo, la realidad última es fundamentalmente espiritual. La línea que separa la realidad física de la espiritual es muy tenue, o inexistente, ya que los espíritus habitan en las rocas, los árboles y otros elementos de la naturaleza. Los dioses del animismo se pueden manifestar como fuerzas impersonales o como seres personales e incluso humanos. Sus actos son, a menudo, arbitrarios o impredecibles. El animismo apuntala muchas religiones antiguas como el sintoísmo en Japón y el hinduismo en la India y todavía prevalece en muchos países menos industrializados de África, Latinoamérica y Asia. Además, hay en Occidente elementos del moderno movimiento de la Nueva Era que también han adoptado conceptos animistas.

Teísmo. Aunque esta palabra puede aludir a otras acepciones o significados, en este estudio significa la creencia en un Dios todopoderoso creador del universo físico. Según el teísmo, la realidad es tanto física como espiritual. El universo físico existe, pero también existe el Dios que lo creó y lo sostiene, cuya existencia es independiente. Del mismo modo, la vida humana es una combinación inseparable de cuerpo físico y espíritu. El teísmo difiere del naturalismo en que sus proponentes creen que Dios existe. El teísmo difiere del animismo en que sólo hay un Dios creador todopoderoso y no muchos espíritus que controlan los acontecimientos. El judaísmo, el Islam y el cristianismo son las tres principales religiones del mundo que suscriben esta creencia general.

Aunque resulta útil entender estas tres categorías de cosmovisión, lo más común es que la gente y las sociedades combinen elementos de una y otra. Lo normal es que predomine una de ellas dentro de una cultura; sin embargo, lo más probable es que sean evidentes, hasta cierto punto, elementos de las tres categorías. En el Occidente industrializado, por ejemplo, el naturalismo es la cosmovisión predominante, aunque el cristianismo sigue ejerciendo alguna influencia. Del mismo modo, las creencias animistas aceptadas por algunos entusiastas de la Nueva Era ejercen cada vez más influencia. Además, muchos europeos están hoy redescubriendo y adorando a los mismos dioses paganos que un día adoraron sus antepasados.

La cosmovisión bíblica

Aunque los pueblos del mundo hayan abrazado una gran diversidad de creencias, la Biblia declara que sólo hay una realidad *auténtica*. Si este es el caso, entonces sólo puede haber una cosmovisión que refleje la verdad. El reto que tenemos por delante es entender esta cosmovisión y ordenar nuestras vidas con arreglo a ella. Esta cosmovisión verdadera —la bíblica— es la revelación que Dios ha hecho a través de la Escritura y de la creación. La Biblia enseña que esta cosmovisión está realmente grabada en el corazón de todas las gentes (Rom. 2:14-15), aunque la naturaleza caída de la humanidad disminuye su presencia.

Cuando la mente abraza la cosmovisión bíblica comienza a ver el mundo tal cual es en realidad —como Dios lo creó y lo sustenta—. A medida que creemos y actuamos conforme a esta cosmovisión, nuestras vidas manifestarán salud y producirán fruto. No sólo será bueno para nosotros sino también para nuestras familias, comunidades y sociedades.

La Biblia enseña que la naturaleza humana no es perfecta sino que ha caído. Por causa de la naturaleza humana caída, no acertamos a ver claramente la auténtica realidad sin la ayuda de Dios. El naturalismo, el animismo y algunas formas de teísmo son distorsiones de la verdad que nos impiden vislumbrar claramente toda la realidad. Algunas veces nos permiten ver una porción de la realidad, otras distorsionan la porción que vemos. Con frecuencia suceden ambas cosas. Por contraste, la cosmovisión bíblica nos permite ver todo lo que es real. Cuando nos «revestimos» de la cosmovisión bíblica entendemos a Dios tal cual es y aceptamos la creación, y a nosotros mismos—tal como debemos ser.

PREGUNTAS DE DESCUBRIMIENTO
La verdad los hará libres

Abra su Biblia para aprender más acerca de la verdad y cómo responder a ella.

1. Comience leyendo Isaías 45:18-19 y Juan 17:17. ¿Cómo conforman estos versículos su entendimiento de la verdad y dónde se origina ésta?

   _____

   _____

   _____

2. Según Juan 8:31-32, ¿cómo podemos conocer la verdad?

   _____

   _____

   _____

3. Según Gálatas 4:3, ¿de qué nos libertará la verdad?

   _____

   _____

4. La Biblia habla de la relación entre Jesús y la verdad. Lea Juan 1:17, Juan 14:6 y Juan 18:37. ¿Cómo definen estos versículos la verdad y cómo podemos conocerla?

   _____

   _____

   _____

5. Lea en Juan 16:12-13 acerca de la relación entre el Espíritu Santo y la verdad. ¿Qué más revelan estos versículos acerca de la verdad y cómo podemos conocerla?

    _____

    _____

    _____

6. Muchas personas dudan que exista o que pueda ser conocida la verdad absoluta, dado que distintos pueblos y culturas la entienden de distinta manera. Poncio Pilato reflejó esta perspectiva escéptica en su conversación con Jesús cuando le preguntó: «¿Qué es la verdad?» (Juan 18:38). Apoyándose en lo estudiado hasta aquí, ¿Qué diferencia hay entre la Escritura y esta perspectiva escéptica?

    _____

    _____

    _____

    _____

7. La Biblia enseña claramente que la verdad absoluta existe y que es la misma para todos los pueblos y culturas —¡crean o no crean en ella!—. Lea Romanos 1:18-20; Romanos 2:14-15; Juan 1:1-3, 14; y 2 Timoteo 3:16-17. ¿Cómo puede la gente en todo lugar conocer la verdad?

    _____

    _____

    _____

    _____

8. Lea el Salmo 119:30, Proverbios 23:23 y Zacarías 8:19. ¿Cómo nos enseña la Biblia a responder a la verdad?

    _____

    _____

9. Según Hechos 17:10-12, ¿cómo podemos saber si una idea o enseñanza es «verdadera» o falsa?

    _____

    _____

    _____

    _____

10. Escriba una declaración resumida de lo que ha aprendido acerca de la verdad bíblica.

    _____

    _____

    _____

    _____

    _____

PUNTOS PARA RECORDAR
El impacto de las cosmovisiones

1. En toda sociedad, la cosmovisión dominante dicta a la mayoría de la gente cómo vivir.

2. Las cosmovisiones se propagan geográficamente por todo el mundo e impregnan profundamente el tejido social. También se extienden en el tiempo de una generación a otra.

3. A medida que las cosmovisiones se esparcen por el mundo, cambian y evolucionan con el tiempo.

4. La Biblia enseña que sólo hay una cosmovisión verdadera.

5. Cuando uno se «reviste» de la cosmovisión bíblica, contempla el mundo y su propia vida como realmente son.

6. Cuando alguien cree y sigue la cosmovisión bíblica, su vida lleva fruto saludable.

7. Sólo la cosmovisión bíblica conduce a la libertad, la madurez, la salud y la vida.

PENSAMIENTOS FINALES

Cambiemos las mentiras por la verdad

Todo cristiano se compromete, en un proceso de por vida, a identificar y despojarse de los elementos falsos de su propia cosmovisión y revestirse de la perspectiva divina del mundo: la cosmovisión bíblica. Esta renovación de la mente es fundamental para vivir el proceso de santificación. Este proceso de «desprendimiento» y «revestimiento» exige adquirir un entendimiento más profundo, y vivir de una manera más coherente con la cosmovisión bíblica. Sólo en la medida en que los individuos y las sociedades se despojen de esas cosmovisiones falsas y se revistan de la perspectiva que Dios tiene del mundo, podrán experimentar   la vida, la libertad y la sanidad, conforme a la voluntad de Dios. Las cosmovisiones falsas conducen a la esclavitud, el empobrecimiento, la corrupción y, en última instancia, a la muerte.

No hay nada más importante para el cristiano que la gran aventura de abandonar la falsedad y creer la verdad. No obstante, debe batallar constantemente contra las cosmovisiones falsas y las distorsiones de la verdad de Dios que ellas representan. La falsedad compite por conquistar la autoridad en nuestra vida. La aventura no es fácil. El primer paso consiste en darnos cuenta de que llevamos puestos los «anteojos» de la perspectiva mundana. El segundo paso consiste en examinarlos y poner los ojos en Dios, en su Palabra y en su creación, para entender la verdad y reconocer sus distorsiones.

APLICACIÓN PERSONAL

¿Cómo le ha influido su propia cultura?

Use las preguntas que siguen para explorar cómo la cosmovisión dominante en su cultura ha influido en su pensamiento.

1. Repase las categorías de las cosmovisiones mencionadas en esta sesión (naturalismo, animismo y teísmo bíblico). ¿Hasta qué punto ha encontrado alguna (o todas estas categorías) en su sociedad?

    _____

    _____

    _____

    _____

2. ¿Qué cosmovisión ejerce mayor influencia en su sociedad? ¿Cómo se hace evidente esta influencia en los valores, creencias religiosas, instituciones, leyes y/o normas de conducta?

    _____

    _____

    _____

    _____

3. Recuerde una ocasión en que visitó otra cultura u hospedó a visitantes de otra cultura. ¿Le abrió aquella experiencia los ojos a la cosmovisión dominante en su cultura? Si es así, ¿qué aprendió?

    _____

    _____

    _____

    _____

4. Describa una manera en que la cosmovisión dominante en su cultura ha afectado su pensamiento y su conducta, ya sea positiva o negativamente.

    _____

    _____

    _____

    _____

5.   ¿Qué obstáculos debe vencer cuando intenta vivir conforme a la cosmovisión bíblica, en vez de seguir la cosmovisión dominante? ¿Ha vencido alguno de estos obstáculos? Si es así, ¿cómo?

_____

_____

_____

_____

UNA RESPUESTA PRÁCTICA
¿Cómo ven el mundo otras personas?

¿Está familiarizado con la cosmovisión de las principales religiones del mundo? Es interesante aprender acerca de esas cosmovisiones y le puede resultar útil cuando se relacione con algunas de las muchas personas que viven conforme a ellas.

Si usted forma parte de un grupo pequeño, pida a uno o a varios miembros del grupo que investiguen acerca del budismo, el Islam, el judaísmo o el hinduismo. (Añada más religiones a la lista, si lo desea.) Presente al grupo, en la siguiente reunión, un informe de las creencias básicas subyacentes de los adeptos a esas religiones. Una vez compartidos sus hallazgos comparen esas creencias con las del cristianismo. ¿En qué se asemejan? ¿En qué difieren? ¿Cómo puede ayudar este conocimiento a dar testimonio de Cristo a esos grupos?

Si está haciendo el estudio solo, escoja un sistema religioso que le interese y desee conocer mejor.

La próxima sesión: *el entendimiento bíblico de la realidad*

La verdad acerca de la realidad última

« ¿Por qué esto?... ¿Por qué aquello?» Los padres saben que los niños suelen hacer esta pregunta. Pero incluso en la edad adulta queremos saber por qué existen las cosas, por qué operan de cierta manera, o por qué suceden. La pregunta «¿por qué?» nos conducirá, tarde o temprano, a las grandes cuestiones de la vida. Tal vez la pregunta de mayor envergadura sea: ¿por qué existe el universo y cómo se originó? La respuesta a esta pregunta revelará lo que una persona cree acerca de la realidad última. A su vez, lo que cree, afectará profundamente su vida cotidiana. La respuesta brota de su cosmovisión, de su perspectiva de la realidad última.

Los cristianos hallamos la respuesta a esta pregunta en Génesis 1:1 donde se nos dice que Dios existe y creó los cielos y la tierra. No obstante, la cosmovisión naturalista responde diciendo que: «el cosmos [el universo físico] es todo lo que hay, o ha habido o habrá»[1]. Según el naturalismo, no hay Dios creador, ni tampoco hay un mundo espiritual. Sólo existe la materia (partículas físicas) y energía. Las estrellas y los planetas se formaron por accidente mediante un proceso que actúa conforme a las leyes de la naturaleza. La primera célula viva se formó por accidente, y a partir de esa célula, la vida evolucionó hasta la increíble variedad de plantas y de vida animal que existe hoy, incluidos los humanos. Todo ello ocurrió por azar. Según el naturalismo, Dios no existe; por lo tanto no puede dar sentido o propósito al universo y a la vida humana. Sin un Dios creador, no hay base para que exista la moral. No hay nada correcto o incorrecto, bueno o malo. No queda sino la eterna existencia de un universo absurdo y sin sentido.

Según las cosmovisiones animistas no hay carencia de realidad espiritual. Todo es espiritual, incluido el mundo «físico». Dios y los múltiples espíritus existen en los objetos físicos como las rocas y los árboles. Según las creencias animistas estos dioses o espíritus suelen ser impredecibles y vengativos. La gente les teme y procura aplacarlos. La gente está a merced de los dioses y vive sometida a la incertidumbre diaria de no saber si les ha ofendido.

Tanto el naturalismo como el animismo se oponen abiertamente a la cosmovisión que fluye de las páginas de la Biblia. Se basan en mentiras destructivas que a la postre conducen a la desesperanza, el fatalismo, la confusión y la muerte. Sólo la cosmovisión bíblica, cimentada en la existencia de Dios, Creador todopoderoso, amoroso y santo, encierra poder para transformar las vidas y las sociedades.

En esta sesión examinaremos cuatro de estas cosmovisiones bíblicas transformacionales: (1) el universo es personal, (2) el universo es moral, (3) el universo es racional, y (4) el universo exhibe unidad y diversidad.

PALABRAS CLAVES
Perspectivas de la realidad

La Trinidad

La Biblia enseña coherentemente que hay un único Dios, el Creador todopoderoso del universo, que debe ser exclusivamente amado y adorado (Deut. 6:4-5; Isa. 44:6). Al mismo tiempo la Biblia habla de tres personas en la divinidad: Padre, Hijo y Espíritu Santo, quienes actúan como un equipo (Juan 14:26; Rom. 8; Efe. 1:3-14). Esta doctrina de Dios trino es distintiva del cristianismo y la distingue de las principales cosmovisiones teístas: el judaísmo y el Islam. Las tres personas no implican tres funciones desempeñadas por una persona, ni un grupo de tres dioses. Más bien «él» es igualmente «ellos». La divinidad opera conjuntamente, ya que el Padre inicia, el Hijo obedece y el Espíritu Santo ejecuta la voluntad de ambos.[2]

Moral/moralidad

Estos términos tienen que ver con los principios de pensamiento o conducta, buenos o malos. La palabra *moralidad* puede simplemente aludir a la adhesión de las personas a cualquier código de conducta, bueno o malo, o a la adhesión a una buena norma de conducta. La palabra *Moral* se aplica a los actos y pensamientos buenos. *Inmoral*, a los malos. Dios determina el estándar del bien y el mal. Fluye de su naturaleza y su carácter tal como se revela en la Escritura. También es importante entender la palabra relacionada: *amoral*. Se aplica a algo que no es moral ni inmoral, como el carácter intrínseco de algo —ni bueno ni malo—. Se emplea también para calificar a la persona que no obedece a un código discernible de conducta recta o equivocada. Pero hay un tercer sentido del que deben ser conscientes los cristianos. A veces la gente emplea el término amoral para designar algo que supuestamente queda al margen de la esfera en la que se aplican los juicios morales. Sin embargo, Dios creó un universo moral en el doble sentido de la palabra: la creación de Dios es buena, y toda la creación de Dios constituye un ámbito en el que se aplica su juicio moral.

Rectitud

Este término procede del latín *rectus*, que significa «recto, derecho». Denota un carácter o manera de ser que es más que una ética o moralidad —la cual tiene que ver con la conducta. Si bien la moralidad puede surgir del carácter de una persona, la *justicia* posee una cualidad trascendente. El concepto de justicia expresado por los profetas del Antiguo Testamento tiene que ver con amar el bien, aborrecer el mal y vivir en obediencia a la voluntad de Dios. La justicia implica cierta coherencia en una persona. Cuando hablamos de la justicia de Dios, hacemos referencia a la naturaleza básica, o al carácter, de su ser: él es la definición última de lo que es bueno y verdadero, y mantiene una coherencia completamente fidedigna, eterna, tanto en sí mismo como en su relación con su creación, y con los seres humanos. Al decir: «Jesús no tuvo pecado», estamos señalando en parte una coherencia absoluta del carácter, que él era verdadero o plenamente un hombre justo, aun cuando naciera en carne y tuviera que hacer frente a los mismos retos que nosotros.

Justicia

La palabra *justicia* procede del latín jus, que significa «derecho» o «ley». Denota un orden, o forma de actuación, según la cual cada persona recibe lo que merece según sus «merecimientos», sin privar a otros de sus derechos ni perjudicarles. Este orden se basa en la equidad o imparcialidad. Opera coherentemente, con base en las estructuras o leyes que se aplican igualmente a todos, y está vigente antes de que surja un problema particular.

Decimos que Dios es justo por dos razones, cada una de ellas relacionada con su justicia y con la manera en que su naturaleza define la realidad. En primer lugar, Dios no tiene favoritos; él cuida de todos igualmente, se muestra cercano a todos, no tan sólo a unos pocos escogidos (Juan 3:16). En segundo lugar, Dios actúa coherentemente en el tiempo conforme a su propia ley establecida y universal de la vida en su creación. Él nos permite conocer su ley a través de la revelación (Éx. 20:12) y de los dones de la inteligencia y la conciencia. Si no nos conformamos a esta ley, las consecuencias son las mismas para todos, sin excepción ni privilegios.

El mal

Fundamentalmente, el *mal* es lo opuesto al bien. Por lo tanto, también se opone a Dios, cuya naturaleza define el «bien». Y dado que la naturaleza de Dios determina la manera en que él ha diseñado su creación y su voluntad para la misma, hacer el «mal» significa actuar de manera opuesta a la que debe funcionar el universo según su diseño; —de hecho, es «despreciar la realidad»—. En última instancia, hacer el mal es actuar contra el propio Dios, separarse de él. Esto es lo que significa la palabra «pecado». La consecuencia lógica del pecado es perjuicio para su hacedor, así como para los demás, puesto que el pecador actúa por fuera de la naturaleza básica del universo.

Al mal que resulta de los actos voluntarios de los seres creados, libres, tanto angélicos como humanos, se le suele denominar *mal moral*. Cualquier suceso en el mundo natural que produzca dolor, aflicción, pérdida o calamidad, suele llamarse *mal natural*. Las enfermedades, las inundaciones y los terremotos son buenos ejemplos. Las causas del mal natural se pueden encontrar a menudo en el mal moral. La humanidad y la creación perdieron su perfección original en la Caída, debido a la maldad de la humanidad (Gen. 3:17-19; Rom. 8:18-23). Además, el daño que sufre la gente provocado por los desastres naturales suele ser causado o magnificado por la violación humana del orden diseñado por Dios para nuestras relaciones mutuas y con el resto de la creación.

Dado que Dios nos creó con una medida de libertad para seguirle o rechazarle, hizo un universo en el que podía caber el mal. Con todo, él está separado del mismo. Dios aborrece el mal y promete castigarlo. Su plan redentor triunfará definitivamente sobre el mal.

Leyes de la naturaleza

A través de la observación y la experiencia, los científicos han definido ciertos principios o «leyes» que describen las formas concretas en las que cabe esperar se comporten los objetos físicos o materiales —o ciertos fenómenos ocurran— con regularidad o uniformidad, en circunstancias similares. La ley de la gravedad, por ejemplo, se considera una ley de la naturaleza porque afecta indefectiblemente a todos los objetos físicos del universo de un modo matemáticamente definible. Dios, Creador de un universo racional, ordenado, impuso estas leyes sobre la creación.

Racional

Lo que es racional se ajusta a la razón y manifiesta un pensamiento ordenado (coherente) y con propósito. Los seres humanos son criaturas racionales porque tienen capacidad para pensar en las cosas de una manera ordenada y con propósito. El universo es racional porque despliega signos de racionalidad y de finalidad. Lo opuesto a lo racional es absurdo, irracional, sin sentido o caótico.

Fatalismo

El fatalismo es la forma de pensar que contempla todos los acontecimientos o sucesos como predeterminados, dispuestos de antemano por el destino, o por Dios, o por los dioses, y que deben ser aceptados a causa de nuestra incapacidad para cambiarlos.

VERSÍCULOS CLAVE
En el principio

Dios, en el principio creó los cielos y la tierra.

—*Génesis 1:1*

1. ¿Quién existía antes de los cielos y la tierra?

   _____

   _____

2. ¿Qué hizo Dios? ¿Qué revela esta acción acerca de Dios y de su carácter?

   _____

   _____

   _____

3. ¿Cómo se originó el universo? ¿Cómo afecta esta información a su interpretación del mismo?

   _____

   _____

   _____

INTUICIONES BÍBLICAS
El Alfa y la Omega

Las cuatro palabras más importantes de la Biblia bien pudieran ser: «Dios, en el principio...» (Gén. 1:1). Estas primeras palabras de la Escritura nos anuncian que la realidad última comienza con Dios y debe contemplarse enteramente en relación con Dios. «¿Qué es Dios?», se pregunta el *Catecismo Abreviado de Westminster*. Respuesta: «Dios es un Espíritu infinito, eterno e inmutable en su esencia, sabiduría, poder, santidad, justicia, bondad y verdad». Dios dice de sí mismo en la Biblia que él es el «Alfa y el Omega», el principio y el fin (Apo. 1:8). Él existía antes que el universo fuera formado. Él lo creó y él seguirá existiendo después que éste pase.

Dios creó el universo físico por medio de su palabra hablada (Heb. 11:3). Éste existía en su mente antes de ser creado. El universo debe su existencia al divino Creador que lo sustenta en todo momento (Col. 1:17). La realidad última radica en la existencia de Dios. Toda la creación y los seres creados apuntan a él. Examinemos ahora algunas verdades transformadoras que se derivan de esta realidad asombrosa.

Verdad transformadora: el universo es personal

La Biblia enseña que Dios no es una fuerza o poder misterioso e impersonal. No. Más bien se ha revelado como una persona. Es importante comprender en este punto el hecho de que Dios también se revela como Trinidad. La Biblia define a Dios como un ser todopoderoso, espiritual (Deut. 6:4; Isa. 44:6), en tres personas distintas: el Padre, el Hijo y el Espíritu Santo (Juan 14:26; Rom. 8; Efe. 1:13-14). En el mismo Dios hay una relación amorosa entre estas tres personas (Juan 14:31; 17:24). El amor y la relación son tan esenciales en la Trinidad que el apóstol Juan describe a Dios con una palabra: «amor» (1 Juan 4:8).

Dios extiende su amor a toda la creación, y particularmente a los humanos, a quienes hizo «a su imagen» (Gén. 1:27). El Creador del universo le ama. Juan 3:16 demuestra este hecho asombroso: «Porque tanto amó Dios al mundo, que dio a su Hijo unigénito para que todo el que cree en él no se pierda, sino que tenga vida eterna» ¿Pero qué apariencia tiene este amor? El apóstol Pablo lo describe así: «El amor es paciente, es bondadoso. El amor no es envidioso ni jactancioso ni orgulloso. No se comporta con rudeza, no es egoísta, no se enoja fácilmente, no guarda rencor. El amor no se deleita en la maldad sino que se regocija con la verdad. Todo lo disculpa, todo lo cree, todo lo espera, todo lo soporta» (1 Cor. 13:4-7).

Observamos este amor en la persona de Jesucristo y en su muerte propiciatoria en la cruz. Cuando seguimos este modelo y nos entregamos abnegadamente a otros en amor, descubrimos lo que significa ser verdaderamente humanos, estar plenamente vivos (Mat. 16:24-25). Dios nos hizo para amar y ser amados. El universo es personal —no impersonal—; y en su centro descubrimos el Dios del amor.

Verdad transformadora: el universo es moral

Dios es amoroso, pero la Escritura también afirma que es perfecto (Deut. 32:4), justo (Isa. 5:16), y santo (Isa. 6:3). Con base en estos atributos creó Dios un universo moral en el que existen el bien y el mal —un universo con normas absolutas, inmutables de lo bueno y lo malo—. Estas normas son válidas para todas las personas en todos los tiempos.

Así, el mismo Dios define todo lo que es bueno. Su naturaleza y su carácter establecen la norma de lo bueno, lo hermoso y lo perfecto. El mal se hace evidente por el rechazo de Dios a las criaturas moralmente libres —hombres y ángeles—. La Biblia denomina este rechazo pecado; es intrínseco a la naturaleza de Dios aborrecer el pecado y castigarlo (Lev. 26:27-28).

En la Escritura, Dios se describe a sí mismo como «Dios clemente y compasivo, lento para la ira y grande en amor y fidelidad, que mantiene su amor hasta mil generaciones después, y que perdona la iniquidad, la rebelión y el pecado». Pero también añade que «no deja sin castigo al culpable, sino que castiga la maldad de los padres en los hijos y en los nietos, hasta la tercera y cuarta generación» (Éxod. 34:6-7). Este castigo tiene que ver con la ley de Dios. Para ser fiel a la naturaleza de Dios, el amor y la ley deben de coexistir. La ley de Dios, fundamentada en su amor y en su voluntad «buena, agradable y perfecta» (Rom. 12:2) para su creación, explica cómo deben vivir las gentes en todo lugar de la manera que a él le agrada. Esta ley, resume el contenido de los Diez Mandamientos (Éxod. 20:1-17), y no es sólo para Israel. La ley de Dios proporciona la base para todas las leyes humanas verdaderas y justas. Las leyes de Dios no son arbitrarias sino que fluyen de su perfecta sabiduría y su amor. Cuando los individuos y las naciones viven conforme a estas leyes experimentan la vida y la libertad que Dios desea que disfruten.

La ley de Dios se deriva de su perfección moral. Como criaturas pecaminosas, somos incapaces de adherirnos a su norma perfecta, y en consecuencia estamos sujetos a la ira de Dios (Rom. 1:18). Vivimos en un universo moral. Existen normas eternas del bien y del mal. El mal debe ser castigado siempre. Con todo, en el núcleo de la perfección moral de Dios está su amor paciente y su perdón, incluso por una humanidad pecaminosa (Éxod. 34:6-7a). En la cruz, estos dos aspectos se conjugan con tremendo poder y claridad. La ira de Dios por no querer adherirnos a su ley perfecta se derrama sobre Jesús, el Hijo de Dios, quien toma sobre sí mismo el castigo que nosotros merecemos. La muerte de Cristo en la cruz es el supremo acto de amor de Dios por cada uno de nosotros. Verdaderamente, Dios es temible y glorioso, merecedor de nuestra eterna devoción.

Verdad transformadora: el universo es racional

La observación diaria de la creación de Dios nos revela un universo ordenado, con propósito, regido por leyes naturales. Desde el gran espectáculo del cosmos hasta el funcionamiento de las células vivas, descubrimos un intrincado diseño. No vivimos en un universo caótico. Los objetos no vuelan al azar. El universo funciona, más bien, con una precisión maravillosa.

Este principio establece las bases para la ciencia y el descubrimiento. Nicolás Copérnico, el famoso científico del siglo XVI, sabía que el universo fue «forjado por un Creador en gran manera bueno y ordenado». En consecuencia, persiguió un mejor entendimiento de nuestro sistema solar, un sistema tal que, en palabras del teólogo Christopher Kaiser «mantiene la regularidad, la uniformidad y la simetría que conviene a la obra de Dios»[3].

Según el apóstol Pablo, podemos entender muchos atributos de Dios observando las maravillas y proezas de la creación. «Porque desde la creación del mundo las cualidades invisibles de Dios, es decir, su eterno poder y su naturaleza divina, *se perciben claramente a través de lo que él creó*» (Rom. 1:20, cursiva del autor). El orden y el diseño de la creación, revelados a través de las leyes naturales, son evidentes. La Biblia afirma que esto demuestra la existencia de un Dios ordenado y racional que creó todas las cosas.

Verdad transformadora: El universo afirma la unidad y la diversidad

Puesto que Dios es un ser en tres personas, hallamos base para afirmar la unidad y la diversidad de la creación. Por ejemplo, hay billones de estrellas y planetas. Hay varios tipos y cantidades de elementos químicos. Hay una gran variedad de formas de vida: vegetal, animal y humana. Cada una de ellas tiene un valor singular y, no obstante, encaja en el universo como una totalidad.

Consideremos específicamente la vida humana. Existe una enorme variedad de pueblos de distintas culturas que hablan distintas lenguas. Hay dos géneros bien definidos: masculino y femenino. Observamos una gran diversidad en la familia humana. Con todo, la Biblia enseña que todos procedemos de la misma sangre (Hechos 17:26) y que hemos sido hechos a la misma imagen de Dios (Gén. 1:27). La diversidad de la raza humana se puede disfrutar y celebrar, sin embargo, no podemos olvidar la fuente última de nuestra unidad e igualdad.

Otras cosmovisiones enfatizan demasiado, ora la unidad, ora la diversidad. Puesto que Dios engloba la unidad y la diversidad, la cosmovisión bíblica armoniza estas características y las afirma.

PREGUNTAS DE DESCUBRIMIENTO
Conozcamos a Dios

La majestad, la hermosura y el poder de Dios se revelan a través de las páginas de la Escritura. Abra su Biblia y lea más acerca de las verdades transformadoras de la cosmovisión bíblica.

Verdad transformadora: el universo es personal

1. Lea Juan 17:24. ¿Qué existía antes de la creación del universo?

    _____

    _____

2. Lea los siguientes versículos. ¿Qué tema general emana de ellos?

    Juan 14:21 _____

    Romanos 8:35-39 _____

    1 Juan 3:16 _____

    1 Juan 4:9-10, 19 _____

    Romanos 5:8 _____

3. Según los versículos precedentes, ¿cómo definiría el amor de Dios?

    _____

    _____

    _____

4. ¿Cómo ha demostrado Dios su amor por nosotros?

   _____

   _____

5. Lea 1 Juan 3:16-18. ¿Qué nos pide Dios para corresponder a su amor?

   _____

   _____

Verdad transformadora: el universo es moral

6. Se suele creer que el amor y la justicia son opuestos. Sin embargo, Dios se revela como misericordioso y justo. Lea Éxodo 34:4-7. ¿Por qué es importante que ambos atributos existan en la naturaleza de Dios?

   _____

   _____

   _____

   _____

7. Lea los siguientes versículos. ¿Qué revelan acerca de Dios?

   Deuteronomio 32:4 _____

   Isaías 5:16 _____

   Romanos 1:18 _____

   1 Juan 1:5 _____

8. ¿Qué es lo que provoca la ira de Dios? (Véase Rom. 1:18).

   _____

   _____

Verdad transformadora: el universo es racional

9. Lea el Salmo 104:24, Salmo 136:4-9, y Romanos 1:20. ¿Cómo
    describen estos versículos el orden y el diseño del universo?

    _____

    _____

    _____

    _____

Verdad transformadora: el universo afirma la unidad y la diversidad

10. Lea Marcos 10:6-9. ¿Cómo se afirman la unidad y la diversi-
    dad en el matrimonio?

    _____

    _____

    _____

11. Lea 1 Corintios 12:4-6, 12-13. ¿Cómo pueden la unidad y la
    diversidad ser afirmadas en una iglesia?

    _____

    _____

    _____

12. ¿En qué otras relaciones podemos afirmar la unidad y la
    diversidad bíblicas? ¿Cómo?

    _____

    _____

    _____

    _____

PUNTOS PARA RECORDAR
Repaso de la realidad última

1. Dios creó todas las cosas y es la fuente de la realidad última.

2. Dios se revela en la Sagrada Escritura como una persona inclinada a las relaciones que extiende amor a su creación, particularmente a los seres humanos a quienes hizo a su imagen.

3. Dios es perfecto, justo y santo. Por tanto, vivimos en un universo moral, regido por una norma absoluta e inmutable del bien y del mal. Lo justo y lo injusto existen.

4. Dios ha creado un universo ordenado, con propósito, y gobernado por leyes naturales.

5. Dios creó un universo caracterizado por la unidad y la diversidad. La cosmovisión bíblica afirma ambos atributos y los armoniza.

PENSAMIENTOS FINALES

Imagine lo siguiente

Según el teólogo J. I. Packer, «La ciencia más alta, la especulación más sublime, la filosofía más profunda que puede ocupar la atención de un hijo de Dios es el nombre, la naturaleza, la persona, la obra, los actos y la existencia del Dios admirable a quien él llama su Padre…es un objeto tan vasto que todos nuestros pensamientos se pierden en su inmensidad».[4]

Imagine una sociedad en la que la cosmovisión dominante brota de un claro entendimiento del amor de Dios y del amor hacía él. ¿Cómo funcionaría tal sociedad? He aquí algunas posibilidades:

◆ Las personas dedicarían tiempo a la oración. Se darían cuenta de que un Dios amoroso y personal actúa en las vidas de las personas y de las naciones.

◆ Las naciones estarían regidas por leyes justas: legitimadas por su relación con las leyes eternas de Dios.

◆ Los ciudadanos actuarían sujetándose a un sano respeto por la ley; incluso los ciudadanos más poderosos se someterían a ella y rendirían cuentas.

◆ La sociedad se levantaría contra el soborno, la corrupción y la injusticia.

◆ Los líderes ejercerían el poder con gentileza y compasión.

◆ Todas las personas, aun los pobres, recibirían amor y provisión.

◆ Habría un respeto profundo por la individualidad, la diversidad y la singularidad.

◆ Habría un valor igualmente sólido de unidad y armonía en las instituciones, desde la familia a la nación como un todo.

¿Qué más cabría esperar en tal sociedad?

APLICACIÓN PERSONAL

¿Qué decir de su realidad última?

El Salmo 115:3-8 dice así: «Nuestro Dios está en los cielos y puede hacer lo que le parezca. Pero sus ídolos son de oro y plata, producto de manos humanas… Semejantes a ellos son sus hacedores, y todos los que confían en ellos» (cursiva del autor). El autor del salmo asegura que nuestras vidas, en una medida significativa, reflejarán lo que creemos acerca de la realidad última.

Emplee las preguntas que siguen para reflexionar en su aproximación a la realidad última.

1. ¿Cuál de las siguientes citas describe mejor la concepción dominante de la realidad última, en su sociedad? ¿Por qué?

> Todo lo que existe recibió su ser por mandato de Dios, y está sujeto a él, y tiene propósito y sentido en él. De aquí se deduce que en todo asunto que se investigue, ya se trate de ética, economía, o ecología, la verdad sólo se halla en relación a Dios y su revelación.
>
> —*Charles Colson*[5]

> Somos seres materiales en un mundo material, cuyos fenómenos son consecuencia de las relaciones materiales entre entidades materiales.
>
> —*Richard Lewontin*[6]

> Dios es todo y todo es Dios.
>
> —*Autor desconocido*

_____

_____

_____

_____

_____

_____

2. ¿Cómo afecta esta perspectiva dominante a la conducta de la gente?

_____

_____

_____

_____

3. ¿Está usted viviendo según la idea bíblica de la realidad última o según la cosmovisión dominante en su sociedad? ¿Cómo? ¿Por qué?

_____

_____

_____

_____

_____

_____

4. ¿Qué cambios prácticos puede hacer para vivir de una manera coherente con la concepción bíblica de la realidad

última? Enumérelos y eleve una oración a Dios, pidiéndole
que le capacite para hacer tales cambios.

_____

_____

_____

_____

_____

UNA RESPUESTA PRÁCTICA

Investigue la perspectiva que tiene su cultura de la realidad

Examine esta semana cómo expresa su cultura las opiniones
acerca del universo y, en última instancia, de lo real. Anote lo
que escuche, lea y observe en conversaciones, medios de comunicación, periódicos, libros u otras interacciones. Escriba, recorte o
haga una copia de las respuestas que descubra. Emplee las cinco
preguntas dadas a continuación para hacer su investigación.

- ¿Es el universo personal o impersonal?
- ¿Es el universo moral o amoral?
- ¿Es el universo racional o irracional?
- ¿Refleja el universo unidad o caos?
- ¿Refleja el universo diversidad o uniformidad?

Intercambie sus hallazgos en una reunión de grupo. Organice
un debate sobre estos temas: (1) por qué las personas se forman
una concepción particular del universo, (2) cómo se compara
esta perspectiva con la concepción bíblica de la realidad, y (3)
cómo relacionarse con alguien que manifiesta un punto de vista
personal no bíblico.

La próxima sesión: *un entendimiento bíblico de la humanidad*

Una perspectiva bíblica de la humanidad

El periodista y ensayista británico Malcolm Muggeridge recuerda un encuentro con la madre Teresa —la famosa misionera a los pobres de Calcuta en la India. Muggeridge le hizo una pregunta que reflejaba la opinión de muchos ingleses y ciudadanos del mundo: ¿No había ya demasiada gente en la India? ¿Valía la pena salvar a unos cuantos niños abandonados que podrían haber muerto en el olvido, mal nutridos o por causa de una enfermedad cualquiera? Según Muggeridge, «esta era una pregunta tan lejana a su forma de concebir la vida que le resultó difícil captarla. La noción de que hubiera demasiados niños en algún lugar era para ella tan inconcebible como sugerir que pudiera haber demasiadas flores en el bosque o estrellas en el cielo»[1].

—Al final de la vida —explicó la madre Teresa— «...no seremos juzgados por los diplomas obtenidos, el dinero acumulado o las proezas realizadas. Seremos juzgados por las palabras de Jesús: «Tuve hambre y ustedes me dieron de comer; tuve sed, y me dieron

de beber; fui forastero y me dieron alojamiento» (Mat. 25:35)…
Los pobres son la persona de Cristo bajo un ropaje de aflicción»[2].

Toda vida humana, desde el instante de la concepción hasta
el último suspiro, tiene un valor y dignidad inmensos. Dios creó
a los seres humanos a su imagen y ama profundamente a cada
individuo, sea hombre o mujer, rico o pobre, sin tener en cuenta
su raza, casta, credo o discapacidad. En todas las sociedades donde
esta verdad arraiga, se producen cambios extraordinarios como la
abolición de la esclavitud, un mejor trato y estatus para la mujer
y el niño, el cuidado prenatal y a los moribundos, el servicio a los
pobres, quebrantados y marginados. Cuando el sociólogo Rodney
Stark comentó las características distintivas del cristianismo pri-
mitivo llegó a la conclusión de que, «por encima de todo, el cristianismo aportó una nueva concepción de la humanidad a un mundo
saturado de…crueldad y…amor a la muerte. El cristianismo proporcionó a sus conversos nada menos que su humanidad»[3].

No todas las cosmovisiones sostienen este alto concepto de
la vida humana. El naturalismo considera a las personas como
accidentes cósmicos, productos de un proceso evolutivo cuyo
único propósito es la preservación de la especie. Puesto que el
naturalismo niega la existencia de un ámbito espiritual, las personas son máquinas sin espíritu ni libre albedrío. En el universo
sólo hay un elemento —la materia física— y las personas están
hechas de esa misma sustancia. Un profesor de una universidad estadounidense reveló que su cosmovisión estaba teñida
de naturalismo al plantear una pregunta a sus alumnos: «¿Qué
sentido tiene la vida para un niño que muere de hambre en el
mundo en vías de desarrollo?» Después de una pausa, el propio
profesor respondió: «El único propósito de tal vida es servir de
fertilizante para un árbol». Para la persona que se aferra a la cosmovisión naturalista, la vida humana carece de sentido y tiene
poco valor. En el otro extremo, algunas formas del animismo
contemplan a los seres humanos como víctimas desvalidas de un

mundo espiritual impredecible. En un viaje realizado en 1985 a la Etiopía rural, Tetsuno Yamamori, ex presidente de *Fundación Contra el Hambre*, halló a una recién nacida moribunda, abandonada en la cuneta de una carretera polvorienta. Angustiado, Yamamori transportó a la niña hasta una aldea cercana, buscó a la madre y le entregó la niña. La madre protestó: «Deje a la niña donde estaba porque está destinada a morir». Yamamori respondió con la cosmovisión bíblica: «La niña no está destinada a morir, sino a vivir». Acto seguido, llevó a la niña a una clínica de la localidad para ser atendida.

Tanto el naturalismo como el animismo representan mentiras destructivas que al final conducen a la desesperanza, el fatalismo y la muerte. Sólo la perspectiva bíblica de la humanidad —sostenida por la madre Teresa y el Dr. Yamamori— encierra poder transformacional.

En esta sesión examinaremos cinco verdades bíblicas y su poder para transformar vidas y naciones. Son las siguientes: (1) toda vida humana es sagrada, (2) todas las personas y todos los pueblos tienen igual valor, (3) todas las personas y todos los pueblos son singulares, (4) el trabajo es sagrado, y (5) la humanidad está caída, abatida, y es pecadora.

PALABRAS CLAVES
Acerca de la naturaleza humana

Sagrado
Lo sagrado está apartado para servir a Dios o a su obra. Está consagrado a él.

Singular
Lo singular no tiene igual ni parecido. Ser único es ser especial, irrepetible.

Depravación

Depravación significa corrupción. Un acto o práctica corrupta es «depravado». La caída de Adán y Eva condujo a la depravación de toda la humanidad. Cada parte del ser humano se corrompió, se estropeó o se degradó.

VERSÍCULOS CLAVES

Portadores de la imagen de Dios

Y (Dios) dijo: «Hagamos al ser humano a nuestra imagen y semejanza. Que tenga dominio sobre los peces del mar, y sobre las aves del cielo; sobre los animales domésticos, sobre los animales salvajes, y sobre todos los reptiles que se arrastran por el suelo». Y Dios creó al ser humano a su imagen; lo creó a imagen de Dios. Hombre y mujer los creó.

—*Génesis 1:26-27 (paréntesis del autor)*

1. ¿En qué se diferencia la humanidad del resto de la creación? ¿En qué se parece?

    _____

    _____

    _____

2. ¿Qué significa haber sido creado a imagen de Dios?

    _____

    _____

    _____

3. ¿Para qué fueron creadas las personas?

    _____

    _____

    _____

4. Dios creó la humanidad a su imagen, creó al hombre y a la mujer. ¿Qué indica esto acerca del valor de ambos?

INTUICIONES BÍBLICAS

La gloria caída de la humanidad

Una de las «grandes cuestiones» que se plantea la gente en todo el mundo es: «¿quién soy yo?» Una pregunta similar sería: «¿qué significa ser humano?» El naturalismo recurre al mundo animal para hallar la respuesta. ¿Por qué? Porque los hombres y las mujeres son animales que han evolucionado a lo largo de millones de años a partir de formas de vida más simples. Pero la Biblia responde a esta cuestión de una forma radicalmente distinta. En la Escritura los hombres y las mujeres son seres únicos en la creación, fueron hechos a imagen de Dios (Gén. 1:26). A la pregunta: «¿qué significa ser humano?», nos volvemos a Dios para hallar la respuesta. Esta es una de las verdades más significativas y más asombrosas de la Biblia.

Dios es espíritu (Juan 4:24) y no habita en cuerpo alguno, de manera que reflejar su imagen no alude a ninguna semejanza física. Antes bien, nos asemejamos a las cualidades y capacidades divinas, no físicas. «Por ejemplo, Dios puede pensar, reflexionar y decidir y nosotros también. Él es un ser moral; nosotros también. Él es capaz de relacionarse; del mismo modo nosotros»[4]. Dado que compartimos estos atributos con Dios, tenemos la capacidad de relacionarnos íntimamente con él. Aun más; él nos diseñó para tal relación. Puesto que Dios nos creó a su imagen, toda vida humana está dotada de un valor y una dignidad inherentes. Es decir, la vida humana es sagrada.

Verdad transformadora: toda vida humana es sagrada

La vida humana ha sido creada, no ha evolucionado. El Salmo 139:13-16 describe hermosamente esta verdad:

> Tú creaste mis entrañas;
> me formaste en el vientre de mi madre.
> ¡Te alabo porque soy una creación admirable!
> ¡Tus obras son maravillosas,
> y esto lo sé muy bien!
> Mis huesos no te fueron desconocidos
> cuando en lo más recóndito era yo formado,
> cuando en lo más profundo de la tierra
> era yo entretejido.
> Tus ojos vieron mi cuerpo en gestación:
> todo estaba ya escrito en tu libro;
> todos mis días se estaban diseñando,
> aunque no existía uno solo de ellos

Dios nos creó a todos nosotros y nuestras vidas le pertenecen. Él sostiene cada uno de nuestros días en su mano. Él también ama profundamente y aprecia sobremanera a cada persona. Jesús dijo: «¿No se venden dos gorriones por una monedita? Sin embargo, ni uno de ellos caerá a tierra sin que lo permita el Padre; y él les tiene contados a ustedes aun los cabellos de la cabeza. Así que no tengan miedo; ustedes valen más que muchos gorriones» (Mat. 10:29-31).

Puesto que Dios creó a las personas y las cuida tan profundamente, se deduce que la vida humana es sagrada. En palabras de Malcolm Muggeridge «Esta vida en nosotros… por mucho que parpadee o arda con intensidad, sigue siendo una llama divina que nadie debe atreverse a extinguir, por más nobles e ilustrados que sean sus motivos»[5]. Dado que la vida es sagrada debe ser protegida, preservada desde el instante de su concepción hasta su último aliento. Incluso el humano más débil, más vulnerable o descorazonado, ha sido creado por Dios, es cuidado por él y tiene un valor inconmensurable.

Verdad transformadora: todas las personas y todos los pueblos tienen igual valor

Puesto que todas las personas, prescindiendo de su género o raza, son creadas por Dios y hechas a su imagen, todos tienen delante de él igual valor y dignidad. La Declaración de Independencia de los Estados Unidos acuñada por los padres fundadores de los Estados Unidos en 1776, expresa esta igualdad práctica y eficazmente: «Creemos que estas verdades son evidentes, que todos los hombres han sido creados iguales, que su Creador les ha concedido ciertos derechos inalienables, entre ellos la *vida*, la *libertad* y la búsqueda de la *felicidad*». La profunda verdad bíblica que postula la igualdad se opone al sectarismo que afirma: «Puesto que somos diferentes, yo soy mejor que tú» En realidad, algunas cosmovisiones establecen la desigualdad como virtud. En el hinduismo, por ejemplo, los que pertenecen a la clase sacerdotal (los brahmanes) dominan a todos los demás, mientras que los que ocupan las clases más bajas (los «intocables») son considerados inferiores al resto de los seres humanos. Sin embargo, en el reino de Dios no hay intocables ni prejuicios que hagan acepción de personas. Toda vida humana es igualmente valiosa, y por lo tanto, todos los pueblos tienen idéntico valor.

Verdad transformadora: todas las personas y todos los pueblos son singulares

Aunque la cosmovisión bíblica sostiene que todas las personas valen lo mismo, ello no quiere decir que compartan las mismas características personales. Dios creó a cada persona de una manera especial, y esta unicidad forma parte de su imagen en nosotros.

En la divinidad hay tres personas: el Padre, el Hijo y el Espíritu Santo, y cada uno desempeña un papel y una función única. Esta unidad y diversidad de la divinidad reside también en la humanidad. Todas las personas son iguales porque Dios las creó a su imagen. Todas comparten igualmente su naturaleza y sus atributos. Con todo, hay una tremenda diversidad. Para comenzar, Dios creó dos géneros bien diferenciados, varón y hembra. Hay diferencias entre culturas y lenguas, diferencias de temperamento, personalidad y dones. Dios nos dio incluso a cada uno una apariencia física singular.

La diversidad es una parte del maravilloso plan e intención de Dios y debe ser apreciada y celebrada. El aprecio de la diversidad humana nos hace libres para ser las personas especiales que Dios nos ha hecho. Estas dos verdades bíblicas gemelas de la igualdad y la diversidad humanas proporcionan la base para entender la comunidad humana. La diversidad sin unidad conduce al caos y al conflicto, mientras que la unidad sin diversidad conduce a una conformidad y una esclavitud asfixiante. Sólo el equilibrio bíblico de la igualdad y la singularidad proporciona un fundamento estable sobre el que se pueden edificar comunidades y sociedades humanas.

Verdad transformadora: el trabajo es sagrado

Génesis 2:15 dice así: «Dios el SEÑOR tomó al hombre y lo puso en el jardín del Edén para que lo cultivara y lo cuidara». Dios encargó a Adán y Eva que trabajaran en el jardín y dominaran sobre la creación. Es importante notar que estas instrucciones fueron dadas antes de la Caída, en Génesis 3. Dios siempre ha deseado que trabajemos. El trabajo no es el resultado de un mundo arruinado. Antes bien, es una tarea sagrada.

Nuestro Dios es creativo y trabaja. Su obra abarcó la creación del universo y prosigue hoy, ya que lo sustenta diariamente. Dado que portamos la imagen de Dios, hemos sido creados para trabajar. Dios nos ha provisto de manos, mentes y lenguaje, con los cuales debemos moldear el mundo. El trabajo es parte de lo que nos otorga dignidad. Nos permite atender a nuestra familia, a la comunidad y a nosotros mismos. Hemos de hacer nuestro trabajo «como para el Señor» (Col. 3:17, 23-24) de una manera que le honre y le glorifique.

Es más; la Biblia nos enseña que Dios tiene preparada una labor especial —un llamado único— para cada uno de nosotros (Lucas 19:11-26; Efe. 2:10). Él nos ha concedido los dones y «talentos» necesarios para llevar a cabo su llamado. Esta labor especial representa la parte que él quiere que cumplamos en su gran plan redentor del mundo. Si logramos entender esto, llegaremos a apreciar aún más quiénes somos, cómo fuimos creados, la tremenda importancia de nuestras vidas y de toda vida humana.

Verdad transformadora: la humanidad está caída, arruinada y en pecado

Aunque la maravillosa singularidad de la humanidad es verdadera, no muestra el cuadro completo. Los hombres y las mujeres, en su estado natural, no redimido, permanecen en rebelión contra Dios.

Dios creó a Adán y Eva libres para obedecerle o rechazarle y sufrir las consecuencias.

Cuando ejercieron esta libertad moral, escogieron desobedecer a Dios comiendo del fruto del árbol del conocimiento del bien y del mal —algo que Dios había prohibido expresamente— (Gén. 2:16-17; 3:1-6). De este primer acto de desobediencia brotó todo el mal, el sufrimiento, la corrupción, la injusticia, el hambre, la pobreza, el odio y la violencia en el mundo. Desde ese preciso instante en adelante. La Caída no sólo afectó a Adán y Eva sino también a todos sus descendientes. El apóstol Pablo declaró: «Todos han pecado y están privados de la gloria de Dios» (Rom. 3:23), y «por medio de un solo hombre el pecado entró en el mundo [Adán], y por medio del pecado entró la muerte; fue así como la muerte pasó a toda la humanidad, porque todos pecaron (Rom. 5:12).

Según el teólogo John Stott, «la Caída condujo a una total depravación». La naturaleza humana entera quedó afectada. No obstante, depravación total no significa que todo ser humano llegue al máximo de su depravación, sino que cada parte de humanidad, incluida la mente, fue distorsionada por la Caída»[6]. Aún tenemos la imagen de Dios, pero ha sido distorsionada. Las personas son aún capaces de amar, pero ahora, en vez de amar a Dios, adoran ídolos. Las personas son aún creativas, pero algunos dedican su creatividad a tramar ataques terroristas.

Sólo la cosmovisión bíblica puede explicar la existencia del mal y al mismo tiempo afirmar que éste no forma parte de la intención de Dios para la creación, proporcionando así una razón para levantarse contra él.

El naturalismo niega la existencia del mal. Mira al hombre desde una perspectiva neutra porque explica las actividades violentas o perjudiciales, antisociales o ilegales de personas y grupos como resultado de algunos factores sociales o económicos dañinos. Basados en tales creencias falsas, hombres y mujeres a lo largo de la historia han procurado crear sociedades perfectas, separadas de Dios y negando la naturaleza humana no regenerada. Tales intentos impíos pueden desembocar en peores males y derramamiento de sangre. No hace falta ir más allá de la Unión Soviética bajo la dictadura de Josef Stalin (1929-1953) o de la Camboya del primer ministro Pol Pot (1976-1979) para aportar evidencias.

El animismo, por otra parte, acepta la realidad del mal, rastrea su fuente en los espíritus malignos que causan las inundaciones, el hambre, la enfermedad y la muerte. Sin embargo, el animismo percibe el mal como una parte inevitable de la vida y no acierta a enfrentarlo.

Sólo la cosmovisión bíblica proporciona un entendimiento claro de la fuente del mal, así como una razón para combatirlo. Según ella, el mal humano tiene su raíz en el corazón caído del hombre. Sólo la cosmovisión bíblica comprende de manera realista la pecaminosidad del hombre y que nuestra única esperanza depende de la redención que Jesucristo ofrece. La buena nueva consiste en que Dios no abandonó a su creación caída, sino que decidió revelar su maravilloso plan —que abarca toda la historia— para redimir, restaurar y sanar «todas las cosas» mediante la sangre de Cristo derramada en la cruz (Col. 1:20). El evangelio tiene poder para transformar el corazón humano (2 Cor. 5:17), y a partir de ahí, ofrecer también una esperanza real para la transformación social y cultural. Esta transformación es un proceso que va de dentro hacia afuera, por medio del cual la transformación interior de la mente y el corazón aflora en la arena social de la familia y de la iglesia, y en última instancia, en las diversas esferas de la sociedad como el arte, las empresas, el gobierno y la educación. En vez de negar la pecaminosidad humana o hacernos caer en el abatimiento, la cosmovisión bíblica nos muestra la eficacia de la redención de Dios.

PREGUNTAS DE DESCUBRIMIENTO
¿Qué es el hombre?

Abra su Biblia y lea más acerca de las verdades transformadoras de la cosmovisión bíblica que conforman nuestra comprensión de la humanidad.

Verdad transformadora: toda vida humana es sagrada

1. Lea el Salmo 8 y el 139:13-16. ¿Cómo describen estos pasajes al hombre (la humanidad)?

_____

_____

_____

2. Lea Juan 3:16-17 y 2 Pedro 3:9. ¿Qué declaran estos pasajes acerca del valor de toda vida humana?

    _____

    _____

Verdad transformadora: *todas las personas y pueblos tienen igual valor, pese a ser únicos*

3. Lea Génesis 5:1-2 ¿Cómo fue creado el hombre? ¿Qué le sugiere esto acerca de la igualdad de las personas?

    _____

    _____

    _____

4. Lea Hechos 17:26-28. ¿Qué le dice esto acerca de la igualdad de todos los pueblos y del deseo de Dios para los mismos?

    _____

    _____

    _____

Verdad transformadora: *el trabajo es sagrado*

5. Lea Génesis 2:15. ¿Por qué puso Dios a Adán y Eva en el Edén? ¿Es el trabajo una maldición o una bendición? Explique su respuesta.

    _____

    _____

    _____

6. Lea Proverbios 6:6-11 y 14:23. ¿Qué se puede aprender observando a las hormigas? ¿Qué provecho hay en el trabajo esforzado? ¿Y en la pereza?

    _____

    _____

    _____

7. En su propia experiencia, ¿por qué es el trabajo importante? ¿Qué sucede cuando a las personas se les niega la oportunidad de trabajar?

_____

_____

_____

Verdad transformadora: la humanidad está caída, arruinada y es pecaminosa

8. Lea Génesis 6:5-6 y Romanos 1:28-32. ¿Cuán perversa es la humanidad?

_____

_____

_____

9. ¿Cómo respondió (responde) Dios al pecado?

_____

_____

_____

10. Lea Isaías 64:6 y Romanos 3:23. ¿Hay alguna persona justa? Describa la justicia humana.

_____

_____

_____

_____

11. Lea Romanos 3:21-24. ¿Tienen las personas caídas esperanza de redención? ¿Sobre que premisa?

_____

_____

_____

_____

PUNTOS PARA RECORDAR
El entendimiento bíblico de la humanidad

1. Toda vida humana ha sido creada por Dios y está dotada de un valor y una dignidad inherentes. La vida humana es sagrada.

2. Todas las personas y naciones (grupos étnicos) tienen igual valor porque Dios crea a todos a su imagen.

3. Dios crea a todas las personas y naciones (grupos étnicos) con características, cualidades y roles únicos, y desea que respetemos esta diversidad.

4. El trabajo es sagrado porque Dios trabaja y nosotros hemos sido hechos a su imagen. Él nos ha concedido la tarea de trabajar en su jardín y de cuidarlo.

5. Los hombres y las mujeres, en su estado natural —no redimido—, están en rebelión contra Dios. No obstante, hay esperanza para los hombres y mujeres caídos a través de la redención que Jesús ofrece.

PENSAMIENTOS FINALES
Imagine una sociedad en la que...

Imagine una sociedad en la que la cosmovisión dominante esté conformada por un entendimiento claro de la perspectiva bíblica de la humanidad que hemos examinado en esta sesión. ¿Qué cabría esperar?

◆ Esta sociedad concedería un gran valor a la vida humana, la protegería desde la concepción hasta la muerte.

◆ La libertad individual y la dignidad humana serían respetadas; se tendría en cuenta que todas las personas son iguales a los ojos de Dios.

- La singularidad y la diversidad humanas serían celebradas.

- Las distintas etnias vivirían juntas en armonía.

- Los hombres y las mujeres recibirían un trato igualitario en valor y dignidad.

- Al mismo tiempo, los roles y funciones singulares de los hombres y las mujeres serían respetados, apreciados y celebrados.

- Todas las personas apreciarían el valor del trabajo y cumplirían su llamado o misión encomendada por Dios.

- El sistema de gobierno tendría en cuenta la pecaminosidad humana, la sed de poder, y la potencialidad de corrupción e injusticia. En tal sistema, el poder no recaería en un individuo, sino que estaría distribuido en distintas «ramas» que actuarían como control y compensación. Este sistema pondría a la ley por rey, y todos los ciudadanos, incluidos los máximos dirigentes, se someterían a su autoridad.

¿Qué más cabría esperar en tal sociedad?

APLICACIÓN PERSONAL

Las personas que conforman su sociedad...

Utilice las preguntas que aparecen más abajo para explorar su entendimiento de la humanidad y de su sociedad.

1. ¿Cuál de las siguientes citas describe mejor la postura que sostiene la mayoría de la gente en su sociedad acerca del sentido de la vida humana? ¿Por qué?

_____

_____

_____

_____

_____

El corazón del hombre no es depravado...sus pasiones no le impulsan a hacer el mal, y por lo tanto... no produce el mal. El mal brota exclusivamente de la represión o subversión social. Si se concede a los seres humanos carta blanca, libertad absoluta, y un desarrollo perfecto y completo, se obtendrá la felicidad universal... Si se crea una sociedad nueva en la que esto sea posible, se obtendrá una sociedad perfecta.

—Horace Greeley[7]

La evolución naturalista tiene consecuencias claras... 1) No existen dioses dignos de ser entronizados; 2) no hay vida después de la muerte; 3) no hay un fundamento último para la ética; 4) la vida carece de sentido último; 5) el libre albedrío no existe.

—William Provine[8]

Los seres humanos tenemos una dignidad singular por ser criaturas hechas a imagen de Dios, como también una depravación singular por ser pecadores bajo su juicio. La primera nos aporta esperanza; la última impone un límite a nuestras expectativas... Podemos comportarnos como el Dios a cuya imagen fuimos hechos o rebajarnos al nivel de las bestias. Somos capaces de pensar, escoger, crear, amar y adorar, pero también de rehusar pensar, escoger el mal, destruir, odiar y adorarnos a nosotros mismos.

—John Stott[9]

La religión en su forma superior no tiene que ver con servir o adorar a Dios... La forma superior de la religión tiene que ver con servirnos y adorarnos a nosotros mismos y a toda la humanidad... El diccionario define la adoración como «reverencia ofrecida a un ser divino» ¿No somos acaso seres divinos?

—Neale Donald Walsch[10]

2.	¿Cómo afecta a la conducta la perspectiva dominante en su sociedad?

_____

_____

3.	¿Cómo afecta la perspectiva dominante al sentido y propósito de la vida humana en su sociedad?

_____

_____

4.	¿Qué perspectiva predomina en su sociedad acerca de la igualdad de los grupos étnicos? ¿Es comparable al punto de vista bíblico? Por ejemplo, ¿cómo se trata a las minorías étnicas?

_____

_____

5.	¿Cómo se trata a las mujeres, los jóvenes, y los ancianos en su sociedad?

_____

_____

_____

6.	¿Se celebran y se respetan los roles y naturalezas singulares de los hombres y las mujeres (chicos y chicas)? Explíquese.

_____

_____

_____

7.	¿Qué perspectiva predomina acerca del trabajo en su sociedad? ¿Cómo afecta al lugar de trabajo y a las vidas personales?

_____

_____

_____

8.   ¿Qué perspectiva de la condición humana predomina en su sociedad? ¿Mencione algunas consecuencias que se derivan?

_____

_____

_____

_____

UNA RESPUESTA PRÁCTICA

Investigue la perspectiva de la humanidad de su cultura

Lleve a cabo esta semana una investigación similar a la de la semana pasada, pero busque otras formas en que su cultura expresa sus creencias acerca de la vida humana. Registre lo que oiga, lea, y observe en conversaciones, medios de comunicación, periódicos, libros y otras interacciones. Escriba, recorte, o haga una copia de las respuestas que descubra. Utilice las cinco preguntas siguientes para llevar a cabo su investigación.

- ¡Cuál es el valor de la vida?
- ¿Hay igualdad entre las personas y los pueblos?
- ¿Son las personas y los pueblos singulares?
- ¿Cómo se valora el trabajo?
- ¿Es la humanidad básicamente buena o pecadora?

Intercambie sus hallazgos en una futura reunión de grupo. Discútase: (1) por qué algunos se forman una perspectiva particular de la humanidad, (2) ¿es comparable esta perspectiva con la realidad bíblica?, y (3) cómo relacionarse con alguien que sostiene una postura personal, no bíblica.

La próxima sesión: *la concepción bíblica de la creación*

La gloria de la creación

De joven, George Washington Carver parecía destinado al fracaso. Nació en una familia de esclavos en torno al año 1864, en una plantación de Missouri. Su padre murió en un accidente poco después de su nacimiento y unos asaltantes de esclavos secuestraron y asesinaron a su madre. A pesar de su orfandad y de ser «pobre de solemnidad», Carver llegó a ser un gran educador y uno de los investigadores agrícolas más insignes que el mundo ha conocido.[1]

Carver se interesó por las plantas a una edad temprana. Por ser cristiano devoto, había memorizado Génesis 1:29: «También les dijo yo les doy de la tierra todas las plantas que producen semilla, y todos los árboles que dan con semilla; todo esto les servirá de alimento». Comentando este versículo escribió: "He aquí" significa mirar, buscar, hallar… Para mí esto es lo más maravilloso de la vida»[2]. Y así fue; para él, «la naturaleza en sus variadas formas es la pequeña ventana a través de la cual

Dios nos permite intimar con él, contemplar su gloria, con tan sólo descorrer la cortina y mirar hacia fuera. Me encanta pensar que la naturaleza es como una estación de telégrafos sin cable a través de la cual Dios nos habla todos los días, cada hora, cada instante de nuestra vida»[3].

Carver se acercaba a la creación de Dios con una mentalidad afianzada en la verdad bíblica. La naturaleza era el libro que le revelaba al Creador, así como el diseño y el propósito de su creación. Por lo cual, cuando Carver descubría el propósito de algo en la naturaleza, se esforzaba por darle una aplicación práctica. Cuando un reportero agrícola le preguntó qué era lo que le impulsaba a estudiar los cacahuetes, Carver le respondió:

> «Bueno, una vez tomé un puñado de cacahuetes y los miré. "Gran Creador, exclamé, ¿por qué hiciste el cacahuete? ¿Por qué?" Entonces, con el conocimiento que tenía de la química y la física me lancé a analizar los componentes del cacahuete. Separé el agua, la grasa, el aceite, la goma, la resina, el azúcar, el almidón…aminoácidos. ¡Helo todo allí! Luego intenté múltiples combinaciones de aquellas sustancias, bajo condiciones distintas de temperatura, presión, etc. ¡Resultaron 202 productos!»[4]

Este trabajo inicial de Carver condujo posteriormente a la creación de 325 productos derivados del cacahuete, más de cien productos de las batatas y varios centenares de otra docena de plantas comunes en el sur de los Estados Unidos. Para Carver, las verdades transformadoras de la cosmovisión bíblica abrieron la puerta a sorprendentes descubrimientos.

Desgraciadamente, otras cosmovisiones muy extendidas en el mundo moderno no contemplan que el universo haya sido diseñado por un brillante Creador. El naturalismo asume que el universo físico existe por sí mismo. No hay diseño o propósito en la naturaleza porque no hay diseñador. La apariencia de diseño no es más que una ilusión. Por otra parte, el animismo contempla el mundo físico como el lugar de habitación de los espíritus. Para cultivar la tierra, la gente debe antes negociar y aplacar a los dioses. Incluso en la actualidad, un bienintencionado misionero que comenzara a cavar un pozo durante una sequía, podría ser interceptado por alguien porque estaría «molestando a los espíritus que moran debajo de la tierra».

Nuestra cosmovisión afecta positivamente a la relación que tenemos con la creación: (1) la creación es un «sistema abierto» en el que se pueden descubrir recursos y generar abundancia, (2) los hombres y las mujeres ejercen dominio sobre la naturaleza, y (3) como mayordomos puestos por Dios sobre la naturaleza, la disfrutamos, la cuidamos y la preservamos.

PALABRAS CLAVES
Nuestra relación con la naturaleza

Dominio

La palabra hebrea radah significa reinar o gobernar. Ejercer dominio es ejercer autoridad soberana, poder de gobierno, o control último sobre un ámbito o territorio definidos.

Naturaleza

En esta sesión, las palabras *creación* y *naturaleza* son intercambiables. Ambas describen la totalidad de la creación de Dios que comprende el ámbito espiritual y el físico, incluidos el universo, la tierra y todas sus partes. La palabra naturaleza no debe confundirse con la cosmovisión del naturalismo, que cree en otro ámbito físico no creado o evolutivo, sin un complemento espiritual.

Mayordomía

Un mayordomo es un empleado de una casa grande que supervisa los asuntos domésticos del amo como dirigir a los sirvientes, recaudar la renta y llevar las cuentas. La mayordomía hace alusión a los deberes y obligaciones de un mayordomo.

La mayordomía define también la responsabilidad que tienen los seres humanos para con la naturaleza. Dios ejerce el dominio último sobre su creación, pero él encargó a los hombres y las mujeres que la administraran, la cuidaran y la preservaran con esmero en su nombre (Gén. 1:26-28; 2:15).

VERSÍCULOS CLAVES

El mandato bíblico

> Los bendijo [a Adán y Eva] con estas palabras: «Sean fructíferos y multiplíquense; llenen la tierra y sométanla; dominen a los peces del mar y las aves del cielo, y a todos los reptiles que se arrastran por el suelo»
>
> También les dijo: «Yo les doy de la tierra todas las plantas que producen semilla y todos los árboles que dan fruto con semilla; todo esto les servirá de alimento. Y doy la hierba verde como alimento a todas las fieras de la tierra, a todas las aves del cielo y a todos los seres vivientes que se arrastran por la tierra». Y así sucedió.
>
> Dios miró todo lo que había hecho, y consideró que era muy bueno.
>
> —*Génesis 1:28-31 (corchetes del autor)*

1. ¿Cómo bendijo Dios a los primeros seres humanos, Adán y Eva?

_____

_____

2. ¿Qué mandó Dios a Adán y Eva que hicieran? Enumere las tareas.

_____

_____

3. ¿Qué concedió Dios a Adán y Eva de la tierra? ¿Por qué?

_____

_____

4. ¿Cómo calificó Dios lo que había hecho? ¿Por qué es esto importante?

_____

_____

INTUICIONES BÍBLICAS

El magnífico diseño de Dios

Desde la vasta disposición de los cielos a la gloria de una puesta de sol, y desde la delicadeza de una margarita al milagro de un recién nacido, no podemos menos que maravillarnos de la precisión y el esplendor de la creación. Dios creó el universo por medio de su palabra hablada (Sal. 33:6-9). Lo formó con una intención, según un diseño específico. Toda la creación espera que descubramos su potencial escondido. El diseño de la creación refleja la hermosura y el orden en la mente del Creador. La creación de Dios es una obra de arte dinámica, llena de colorido, patrones, texturas, vistas, sonidos y olores. En la creación se conjugan el arte y la ciencia.

Para entender mejor el diseño del universo, examine lo que afirma la Biblia acerca de las verdades transformadoras de la creación. Estas verdades pueden transformar profundamente a los individuos y sus sociedades.

Verdad transformadora: la creación es un sistema abierto en el que se pueden descubrir recursos y generar abundancia

Según el naturalismo, el universo es una máquina gigantesca compuesta de trillones de piezas que operan mediante relaciones de causa y efecto. Algunos definen esta perspectiva de la naturaleza como un «sistema cerrado». Lo único que existe es el ámbito físico. No hay ámbito espiritual ni Creador. La naturaleza funciona sin diseño ni propósito, sólo obedece a las leyes de la naturaleza. No puede haber interrupción o alteración de esa función por causa de una fuerza externa o «sobrenatural». Los hombres y las mujeres no son más que átomos atrapados en una vasta máquina cósmica.

Pero según la cosmovisión bíblica, el universo físico es una parte de la creación, y la creación es parte de un sistema abierto. Dios, quien es espíritu (Juan 4:24), creó la esfera física y la espiritual. Las dos esferas son distintas pero están estrechamente relacionadas. Dado que existe el ámbito espiritual, la naturaleza está abierta a la intervención de Dios, los ángeles, los demonios y los seres humanos. Las personas son seres físicos y espirituales hechos a imagen de Dios. En consecuencia, los hombres y las mujeres poseen una capacidad única para moldear la creación y la cultura —tomar las cosas que hay en la creación de Dios y organizarlas de forma innovadora—. De las materias primas de la creación de Dios, ellos pueden extraer nuevas creaciones. Crean literatura a partir de palabras comunes, música, de sonidos comunes, y chips de computadora, a partir de la arena común (sílice).

George Washinton Carver ejemplificó la capacidad humana de soñar, inventar y crear (véase la introducción). Él dividió el cacahuete en sus elementos más pequeños y los combinó para crear productos nuevos y útiles. Un siglo más tarde, el autor y erudito Michael Novak captó este espíritu de innovación humano al afirmar: «Partes innumerables de la creación de Dios yacieron en barbecho durante milenios hasta que la inteligencia humana percibió valor en ellas. Muchas de las cosas que consideramos recursos no se conocían como tales hace cien años»[5].

Dios implantó en su maravillosa creación un potencial asombroso para crecer y producir en abundancia. Esto se hace evidente en el milagro de una diminuta semilla. Génesis 1:11-12 registra que en el tercer día de la creación Dios dijo: «Que haya vegetación sobre la tierra; que ésta produzca hierbas que den semilla, y árboles que den su fruto con semilla, todos según su especie». Las semillas hacen posible que la vida se reproduzca y se expanda.

Puesto que las semillas son tan comunes, es probable que creamos que este proceso de reproducción es gratuito o espontáneo. Pero, imagine usted un sistema en el que una planta sólo diera una fruta y que esa fruta diera una sola semilla. Este sistema permitiría la reproducción, pero no el crecimiento ni la abundancia. Para nuestro bienestar, Afortunadamente Dios no creó este sistema sino dispuso que una sola semilla se convierta en una planta que da fruto abundante y, generalmente, cada fruta produce muchas semillas que reproducen la planta. Un proverbio keniano ilustra este sistema glorioso: «Se puede contar el número de semillas de un mango, pero no el número de mangos de una semilla».

En este sistema, Dios dijo a Adán y Eva: «sean fructíferos y multiplíquense; llenen la tierra y sométanla» (Gén. 1:28). De esta manera Dios desea que su creación crezca y sobreabunde. Su voluntad es que «así como las aguas cubren los mares, así también se llene la tierra del conocimiento de la gloria del Señor» (Hab. 2:14). Su maravillosa creación es dinámica y tiene un vigoroso potencial inherente para cubrir la tierra.

Verdad transformadora: los hombres y las mujeres ejercen dominio sobre la naturaleza

Dios mandó a Adán y Eva en Génesis 1:28: «Dominen a los peces del mar y a las aves del cielo, y a todos los reptiles que se arrastran por el suelo». Bajo la autoridad del dominio supremo de Dios, los hombres y las mujeres dominan la creación. Debemos ejercer dominio sobre la naturaleza y no ser dominados por ella. Hemos de aprovechar la naturaleza para beneficio de la humanidad y luchar contra ciertos azotes como la sequía, la enfermedad y el hambre.

Según el *animismo*, las personas no pueden influir en la naturaleza. Ésta alberga a los espíritus que controlan los asuntos de los hombres. Las personas atrapadas en una cosmovisión animista sólo pueden aspirar a vivir en armonía con el resto de la creación e intentar sobrevivir. No luchan contra las enfermedades y las hambrunas, sino que las consideran penurias que hay que soportar. Esta mentalidad fatalista conduce a la desesperanza y la pobreza.

Al contrario, la verdad transformadora de Dios acerca de la creación puede marcar una diferencia en el mundo. Arturo Cuba —joven pastor y misionero peruano—, trabajó a favor de los empobrecidos indios pokomchi, en Guatemala. Como eran campesinos pobres, carecían de las instalaciones adecuadas para almacenar sus cosechas. Recolectaban bastante maíz pero las ratas se lo comían y no podían alimentar adecuadamente a sus hijos. Entonces Arturo preguntó a los campesinos:

—¿Quién es más listo, ustedes o las ratas?

Los campesinos se rieron y respondieron:

—Las ratas.

—¿Pero ustedes dominan a las ratas, o las ratas los dominan a ustedes?

Los campesinos admitieron a regañadientes que, en un sentido, las ratas les dominaban a ellos y a sus familias. Entonces

Arturo les enseñó la verdad transformadora de que los hombres y las mujeres son los administradores de la creación porque fueron creados a imagen de Dios y recibieron el mandato de ejercer dominio sobre el resto de la creación. Les enseñó que Dios los había bendecido con inteligencia, creatividad, y un entendimiento adecuado para someter a la creación y cuidar de ella. Ellos podían resolver el problema de almacenamiento del maíz.

Esto animó mucho a los indígenas pokomchi para concebir un sistema de almacenamiento sencillo y elevado, que protegiera las cosechas de las ratas. De esta manera el suministro de alimentos aumentó, como también la salud general de los niños de la comunidad. La idea del *granero* no fue importada de otra comunidad o país; los pokomchi la desarrollaron una vez que entendieron la verdad transformadora de que las personas ejercen dominio sobre la naturaleza.

Verdad transformadora: como mayordomos nombrados por Dios sobre la naturaleza, debemos disfrutarla, cuidarla y preservarla

Cuando Dios concedió a los hombres y mujeres dominio sobre la naturaleza, también les dio la responsabilidad de trabajarla y cuidarla. En la Escritura, la responsabilidad, el servicio abnegado y el cuidado, siempre acompañan con la autoridad. El propio Jesucristo encarnó este modelo. Él tiene la autoridad última sobre la creación (Mat. 28:18); no obstante, la ejerce para servir abnegadamente a los que están bajo su autoridad (Mar. 10:45).

Génesis 2:15 declara: «Dios el SEÑOR tomó al hombre y lo puso en el jardín del Edén para que *lo cultivara y lo cuidara* (cursiva del autor). La palabra trabajo indica progreso. Adán y Eva debían trabajar el jardín del Edén. Dios proporcionó a Adán y Eva las «herramientas» necesarias para realizar el trabajo: plantas productoras de semillas, la capacidad humana de entender la reproducción y la facultad humana de usar la creatividad.

Provistos de estas herramientas, Dios les dio el mandato de «llenar la tierra» (Gén. 1:28). Sin embargo, aunque Adán y Eva debían llenar la tierra y usarla para su beneficio (Sal. 104:10-15), debían también *cuidarla*. Debían protegerla, conservarla y cuidar esmeradamente el jardín: mantenerlo en excelentes condiciones, cultivarlo y hacerlo florecer.

Perspectiva naturalista   *Perspectiva animista*   *Perspectiva teísta*

Como habitantes de la tierra, vivimos en el jardín creado por Dios. Él nos ha confiado la responsabilidad de ser mayordomos sobre la naturaleza —trabajarla, cuidar el aire, el agua, el suelo, las plantas, los animales y cualquier otra cosa de la creación. Somos libres de usar responsablemente la creación para beneficio nuestro, pero debemos apreciarla y cuidarla. Otras cosmovisiones acentúan el trabajo pero no la preservación del medio ambiente, lo que acarrea su abuso y su degradación. Otras enfatizan la preservación del medio ambiente pero no el trabajo en su favor, lo que conduce a la pobreza y al subdesarrollo. La cosmovisión bíblica brinda un equilibrio maravilloso entre el trabajo y el cuidado. Nosotros somos guardianes de la creación de Dios, mayordomos a cargo de su obra maravillosa. ¡Tenemos el mandato de cuidar la naturaleza!

PREGUNTAS DE DESCUBRIMIENTO

El cuidado de la creación

Abra su Biblia y lea más acerca de las tres verdades transformadoras de la creación.

Verdad transformadora: la creación es un sistema abierto en el que se pueden descubrir recursos y generar abundancia.

1. Lea Génesis 1:3, 6, 9; Salmos 33:6-9; y Hebreos 11:3. ¿Cómo creó Dios?

2. Consulte los mismos versículos. ¿En qué se diferencia la creación de Dios de la manera en que crean los hombres y las mujeres. ¿En qué se parecen ambas creaciones?

3. Según Hebreos 11:3, ¿dónde se origina lo visible? Este versículo alude a la obra creadora de Dios, pero ¿podría reflejar también la obra creadora de los seres humanos?

4. Lea Proverbios 25:2. Escriba un ejemplo de algo que Dios haya escondido que los seres humanos hayan investigado y descubierto.

5. En sus propias palabras, ¿por qué esta «ocultación» y «descubrimiento» da gloria a Dios y a los hombres?

6. Al final de su actividad creadora, en Génesis 1:1-27, ¿cuál fue la intención de Dios para la tierra? ¿Qué evidencia puede apoyar su respuesta?

    _____

    _____

    _____

    _____

7. Lea Génesis 1:20-22, 27-28; 8: 15-17; 9:1. ¿De qué quiere Dios que esté llena la tierra?

    _____

    _____

    _____

    _____

8. ¿Por qué ha de querer Dios que su creación sea «fructífera y se multiplique»? Consulte Habacuc 2:14 y Romanos 1:20.

    _____

    _____

    _____

    _____

Verdad transformadora: los hombres y las mujeres ejercen dominio sobre la naturaleza

9. Lea el Salmo 8. ¿Cuál es la relación del hombre con las «obras de los dedos de Dios»? ¿Y con la naturaleza? Explique sus respuestas.

    _____

    _____

    _____

    _____

    _____

    _____

10. Lea Génesis 2:19-20. ¿Qué dice acerca de Dios el que él permitiera a Adán nombrar a todos los animales? ¿Y acerca de Adán?

_____

_____

_____

_____

Verdad transformadora: como mayordomos nombrados por Dios sobre la naturaleza, hemos de disfrutarla, cuidarla y preservarla.

11. Lea Génesis 2:15. ¿Para qué puso Dios a Adán y Eva en el jardín?

_____

_____

_____

12. Jesús explica en Marcos 10:42-45 que el servicio abnegado acompaña a la verdadera autoridad. ¿Cómo se aplica esta noción a la autoridad que Dios ha concedido a los seres humanos sobre la naturaleza?

_____

_____

_____

_____

13. Lea Éxodo 23:10-11. ¿Qué mandó Dios a su pueblo escogido de Israel que hiciera cada siete años? ¿Cómo beneficiaría este mandamiento a la tierra? ¿Quién más se beneficiaría y por qué?

_____

_____

_____

_____

PUNTOS PARA RECORDAR
El entendimiento bíblico de la creación

1. Dios es el Creador del mundo físico. Él existía antes de crearlo y con su palabra le «dio» la existencia.

2. Dios creó el mundo natural para que creciera y se expandiera, con la intención de que su creación llenara la tierra. Los hombres y las mujeres pueden también usar su creatividad para estudiar la creación y descubrir nuevos recursos y usos de los mismos.

3. A los hombres y las mujeres se les ha mandado que ejerzan dominio o autoridad sobre la naturaleza. Son responsables de aprovechar la naturaleza para beneficio de la humanidad.

4. Este dominio bíblico no es dominación sino mayordomía y cuidado. Hemos de proteger, conservar y apreciar la naturaleza.

PENSAMIENTOS FINALES.
Imagine una sociedad que se preocupa

Imagínese una sociedad en la que la perspectiva bíblica de la creación conformara plenamente su cosmovisión. ¿Qué cabría esperar?

◆ Esta sociedad apreciaría el cuidado del medio ambiente. No se vería basura, polución ni nubes espesas de humo contaminando el paisaje, el aire o las vías fluviales.

◆ La gente admiraría la hermosura de la creación y el reflejo de la hermosura de su Creador.

◆ Granjas bien ordenadas, productivas, sostenibles, suplirían las necesidades de la humanidad, resultarían agradables a los ojos y serían responsables con el medio ambiente. Sus productos y sus métodos serían buenos para la salud de la gente a largo plazo.

◆ Bajo la guía del Espíritu Santo, las personas redimidas ayudarían a instaurar sanidad en la creación (Gén. 1:17; Rom. 8:20-21). Tierras anteriormente baldías quedarían disponibles para un cultivo y desarrollo responsable, incrementando su utilidad y su hermosura.

◆ Los científicos desarrollarían nuevos recursos y tecnologías útiles para ayudar a eliminar la pobreza, el hambre y la enfermedad.

◆ Mediante una variedad de formas y expresiones, los artistas se regocijarían de la belleza, la complejidad, la diversidad y las maravillas de la creación de Dios y las reflejarían a través de su arte.

¿Qué otras cosas podrían verse en tal sociedad?

APLICACIÓN PERSONAL

Usted y el universo

El Salmo 90:2 asegura: «Desde antes que nacieran los montes y crearas la tierra y el mundo, desde los tiempos antiguos y hasta los tiempos postreros, tú eres Dios». El Salmo 24:1 exclama: «Del SEÑOR es la tierra y todo cuanto hay en ella, el mundo y cuantos lo habitan».

Estos pasajes resumen la perspectiva bíblica de la creación. Dios «le dio la existencia», y por eso es su dueño y la sostiene. Utilice las preguntas que siguen para meditar en su propia idea de la creación y en la que tiene su sociedad.

1. ¿Cuál de las siguientes citas describe mejor la perspectiva de su sociedad acerca del mundo natural? Explique su respuesta.

_____

_____

Conocer que Dios creó el mundo que nos rodea —y a nosotros como parte del mismo—, es esencial para entender la verdadera religión. Dios ha de ser alabado como Creador, y además, por el orden maravilloso, la variedad y la hermosura de sus obras.

—*J. I. Packer*[6]

Formamos parte de la tierra... Todos nosotros somos, junto con los animales, vegetales, minerales, líquidos y gases, un ser planetario colectivo.

—*Osiyo Tsaligi Oginalii*[7]

No estoy interesado en la utilidad de una especie particular, o río que fluya libre, o ecosistema para la humanidad. Tienen un valor intrínseco, más valor para mí que un cuerpo humano o un billón de ellos. La felicidad humana...no es tan importante como un planeta salvaje y saludable... Hasta que el Homo sapiens no decida reincorporarse a la naturaleza, a algunos sólo nos cabe esperar que llegue el virus apropiado.

—*David Graber*[8]

El cosmos es lo único que hay, que ha habido y que habrá.

—*Carl Sagan*[9]

2. ¿De qué maneras esta perspectiva dominante de la creación afecta al comportamiento de la gente en su sociedad?

    _____

    _____

    _____

3. ¿Cómo suele usted pensar normalmente en la creación de Dios? ¿Cómo han afectado sus pensamientos a su relación con ella?

    _____

    _____

    _____

    _____

4. Basándose en esta sesión, ¿de qué maneras podría tener que cambiar su pensamiento acerca de la creación?

    _____

    _____

    _____

    _____

5. ¿Qué cosas prácticas puede hacer en su vida cotidiana para cuidar la creación de Dios?

    _____

    _____

    _____

    _____

UNA RESPUESTA PRÁCTICA
Celebremos la creación de Dios

Solo o en grupo, visite un lugar que exhiba la creación de Dios: una reserva forestal, parque público, jardín botánico, paraje acuático, zona montañosa o cualquier otro lugar hermoso. Después de dar un paseo y de admirar la creación de Dios, pase un tiempo de adoración informal. Lea la Escritura acerca de la creación de Dios, relate lo que usted aprecia de la naturaleza, las formas en que Dios se revela en la creación, y cante algunas canciones de alabanza y ore. Permita que esta experiencia perdure en su mente y en su espíritu durante los próximos días.

La próxima sesión: *la noción bíblica de la historia*

El sentido de la historia

Tal vez fuera un sueño —sabemos que Dios habló más adelante a sus nietos a través de sueños—. Quizás estaba desayunando. Puede que estuviera solo, en alguna colina barrida por el viento, o disfrutando de un momento tranquilo. No se nos informa. Lo que sí se nos dice es que un día a sus setenta y cinco años, cuando disfrutaba de una vida próspera con su esposa Sarai y su sobrino Lot —en un lugar llamado Harán—, Abraham oyó la voz de Dios. Dios le mandó que saliera de Harán —que abandonara su país, su cultura, todo lo que le resultaba cómodo y familiar— y se dirigiera a una tierra desconocida donde le esperaba un futuro incierto. No hay razón para pensar que él supiera adónde tenía que ir. La voz simplemente le mandó partir. Entonces Dios le hizo una misteriosa promesa que cambiaría su vida y la historia humana para siempre:

Haré de ti una nación grande,
    y te bendeciré;
haré famoso tu nombre,
    y serás una bendición.
Bendeciré a los que te bendigan
    y maldeciré a los que te maldigan;
¡por medio de ti serán bendecidas
    todas las familias de la tierra.

—Génesis 12:2

Esta promesa resultó tanto más increíble porque, debido a la avanzada edad de Abram, éste no tenía hijos y Sarai era estéril. No obstante, Dios prometió que haría a este anciano sin hijos padre de una gran nación —a través de la cual serían bendecidas todas las naciones de la tierra.

Así pues, Abraham partió. Según el historiador Thomas Cahill, *Abraham partió* «son dos de las palabras más audaces de la literatura». Indican un abandono completo del pasado —desde el principio del tiempo hasta este momento decisivo—. «De la raza humana se levanta un hombre con una promesa imposible…un sueño de algo nuevo, mejor, futuro»[1]. El autor de Hebreos describe ese momento del siguiente modo:

«Por la fe Abraham, cuando fue llamado para ir al lugar que más tarde recibiría como herencia, obedeció y salió sin saber adónde iba… *Porque esperaba la ciudad de cimientos sólidos, de la cual Dios es arquitecto y constructor.*»

—Hebreos 11:8-10 (Cursivas del autor)

El apóstol Pablo habla también de ese momento así:

«Contra toda esperanza, Abraham creyó y esperó, y de este modo llegó a ser padre de muchas naciones… Su fe no flaqueó, aunque reconocía que su cuerpo estaba como muerto, pues ya tenía unos cien años y que también estaba muerta la matriz de Sara. Ante la promesa de Dios no vaciló como un incrédulo, sino que se reafirmó en su fe y dio gloria a Dios, plenamente convencido de que Dios tenía poder para cumplir lo que había prometido.»

—*Romanos 4:18-21*

Por medio de Abraham fue desatada en el mundo una nueva concepción de la vida humana y de la historia. Una concepción de la historia completamente distinta de las ideas animistas que dominaban el mundo en los tiempos de Abraham —y que aún influyen en la actualidad—. Según Cahill, los contemporáneos de Abraham «se habrían burlado de su locura…y habrían dicho: un hombre no puede escapar a su destino». Cahill asegura que los antiguos egipcios le habrían aconsejado que «imitara a sus antepasados e hiciera lo que ellos habían hecho». Los primitivos griegos le habrían dicho que «no reaccionara exageradamente» sino que «actuara con resignación». En la India le habrían dicho que el tiempo es «negro, irracional e inmisericorde. No te lances a la tarea de cumplir algo en el tiempo, pues es dominio exclusivo del sufrimiento». En China los sabios le habrían advertido que «viajar no tiene sentido, ni ninguna clase de afán terrenal; lo mejor es abolir el tiempo escapando…al cambio». El pueblo maya de América le habría mostrado calendarios cíclicos que «repiten el modelo de años de sucesión invariable, y le habrían explicado que todo lo que ha sido vuelve otra vez y que el destino de cada hombre está dictado. En todo continente, en toda sociedad, a Abraham le habrían dado el mismo consejo…no viajes, quédate donde estás; cálmate, medita en el incesante y absurdo fluir del tiempo»[2]. Pero Abraham no hizo caso, partió y la historia cambió para siempre. Dios llamó a Abraham para que saliera de este círculo vicioso. Le dio una esperanza y un destino. De pronto la vida empezó a tener sentido y propósito. De súbito, albergó posibilidad de progreso. De la noche a la mañana los individuos adquirieron importancia en un contexto general.

En esta sesión examinaremos la concepción bíblica de la historia y exploraremos su poder transformador.

PALABRAS CLAVES

La historia es suya

Fábula

Una fábula es una breve narración ficticia, que suele ser divertida y encerrar una moraleja. Los personajes suelen ser animales.

Historia

La palabra historia deriva de la latina *historia*, a su vez emparentada con la griega *eidenai*, que significa «conocer». La historia es un registro cronológico de acontecimientos importantes, que a menudo incluye una explicación de sus causas. También define una rama de conocimiento que registra y explica los acontecimientos pasados.

Lineal

Lineal significa semejanza o relación con una línea recta. En esta sesión describiremos la idea bíblica de la historia como una secuencia lineal porque, al igual que una línea, tiene un principio, una parte central y un final. Esta perspectiva de la historia contrasta con otras cosmovisiones que consideran el tiempo como una repetición constante de acontecimientos cíclicos.

Alfa y Omega

Alfa es la primera letra del alfabeto griego; *Omega* es la última.

VERSÍCULOS CLAVES
El Principio y el Fin

Vi además la ciudad santa, la nueva Jerusalén que bajaba del cielo, procedente de Dios, preparada como una novia hermosamente vestida para su prometido. Oí una potente voz que provenía del trono y decía: «¡Aquí, entre los seres humanos, está la morada de Dios! Él acampará en medio de ellos, y ellos serán su pueblo; Dios mismo estará con ellos y será su Dios. Él enjugará toda lágrima de los ojos. Ya no habrá muerte, ni llanto, ni lamento ni dolor, porque las primeras cosas han dejado de existir».

El que estaba sentado en el trono dijo: «¡Yo hago nuevas todas las cosas!» Y añadió: «Escribe, porque estas palabras son verdaderas y dignas de confianza».

También me dijo: «Ya todo está hecho. Yo soy el Alfa y la Omega, el Principio y el Fin».

—*Apocalipsis 21:2-6*

1. ¿Quién es la novia en este pasaje? ¿Quién es el «esposo»? Véase también Efesios 5:25-32 y Corintios 11:2.

_____

_____

2. ¿Qué diferencia habrá entre la Nueva Jerusalén y la vieja Jerusalén actual?

_____

_____

3. ¿Qué significa la alusión que Dios hace a sí mismo como el Alfa y la Omega?

_____

_____

INTUICIONES BÍBLICAS
La historia transformadora

Según el erudito James Sire, la Biblia revela la historia como una «secuencia lineal y significativa, de acontecimientos conducentes al cumplimiento de los propósitos de Dios para el hombre.»[3] La historia es lineal porque tiene un principio, un punto medio y un fin. Tiene pasado, presente y futuro.

Otras cosmovisiones tienen una noción muy distinta del tiempo y de la historia. Varias formas de animismo se aferran a una visión cíclica del tiempo. Todo lo que ha sido vuelve otra vez. El destino de cada persona está decidido. Hay poca esperanza de que el futuro pueda ser mejor que el pasado o el presente. Con escasa esperanza para el futuro, hay poco sentido de propósito o de progreso.

El naturalismo también encierra una perspectiva lúgubre del futuro. Puesto que el hombre no tiene alma o espíritu, tampoco tiene esperanza de vida más allá de la tumba. La vida es corta y absurda. Sin embargo, la noción bíblica de la historia engendra esperanza y proporciona una base para el progreso. La vida no tiene por qué seguir siendo igual. Puede cambiar en el futuro; puede aún mejorar.

La historia tiene pleno sentido porque Dios es su autor. Él es el «Alfa y la Omega, el Principio y el Fin». (Apo. 21:6). Él está detrás de los acontecimientos de la historia. La palabra recordar aparece 166 veces en la Biblia (NVI). Se nos manda recordar lo que Dios ha hecho a lo largo de la historia y su fidelidad para con nosotros. Hemos de recordar los grandes hitos de la historia redentora y transmitirlos escrupulosamente a nuestros hijos y nietos (Deut. 4:9-14).

Dios es el Señor del pasado, el presente y el futuro. Él sabe lo que sucede en el presente, y está íntimamente comprometido a guiar y moldear el futuro con arreglo a su plan y sus propósitos.

El sentido de la historia   109

«Él cambia los tiempos y las épocas, pone y depone reyes», nos dice el profeta Daniel (Daniel 2:21). Él es un Dios que «dispone todas las cosas para el bien de quienes lo aman, los que han sido llamados de acuerdo con su propósito» (Rom. 8:28). La cosmovisión bíblica mantiene en equilibrio dos posturas aparentemente contradictorias. Por una parte, la Biblia deja claro que Dios es el autor soberano de la historia y que él la despliega con arreglo a su plan y su propósito eternos. Sin embargo, esto no nos debe conducir al fatalismo o la apatía. La Biblia deja también claro que las elecciones de los seres humanos contribuyen a conformar la historia y que Dios juzgará a todas las personas teniendo en cuenta las decisiones que hayan hecho (Véase Mat. 25:31-46).

El hecho de saber que Dios está tan íntimamente involucrado en la historia humana nos llena de esperanza y de propósito. Puede que no entendamos por qué ocurren ciertas cosas en la vida, o en la historia, pero sabemos que no son accidentes sin propósito. Nuestras vidas tienen sentido porque formamos parte de «Su historia». Y sabemos que el Dios que sostiene el universo en sus manos es un Creador amoroso y poderoso que actúa siempre dentro de la historia humana y redime a la creación de los efectos de la Caída.

Podemos pensar en la noción bíblica de la historia como si se tratara de un relato. No uno cualquiera, sino un relato poderoso —supra-historia— capaz de transformar la vida de individuos, comunidades y naciones enteras. Todos los relatos contienen algunos ingredientes claves: una introducción, una conclusión, capítulos o secciones, una trama o urdimbre con personajes (normalmente incluyen un héroe y un villano). Lo mismo sucede con el relato de la historia a la luz de una perspectiva bíblica. No obstante, esta historia no es fábula o ficción; es el relato verídico de la historia humana. La historia aparece en las páginas de la Escritura desde el primer capítulo de Génesis al capítulo final de Apocalipsis. Comienza en un jardín y termina en una ciudad.

Imagine que esta historia transformadora contiene doce «capítulos». Las primeras palabras del capítulo primero presentan el personaje central y más importante. «Dios, en el principio creó los cielos y la tierra» (Gén. 1:1). Esta frase establece la fundación y el contexto de toda la historia. El animismo y el naturalismo son también relatos, pero sus comienzos conducen a conclusiones muy diferentes. El relato del naturalismo comienza con estas palabras: «El Cosmos es todo lo que hay, o hubo, o habrá»[4].

En el primer capítulo de nuestro relato, Dios crea el universo físico a partir de la nada. El momento culminante de su actividad creadora llega cuando creó a los seres humanos (hombre y mujer), a imagen de Dios. Después los colocó en el centro de un hermoso jardín y les encomendó una tarea: que fructificaran, se multiplicaran, llenaran la tierra y administraran y desarrollaran la magnífica creación de Dios.

El capítulo segundo de nuestro relato narra la Caída. Aquí se nos presenta otro personaje clave: un ser espiritual maligno llamado serpiente o Satanás. Este ser maligno penetra en el jardín y engaña a Adán y Eva, quienes caen víctimas de sus mentiras y comen del fruto prohibido, rebelándose así contra su Creador. Como consecuencia de la Caída, la muerte entra en la historia —con el hambre, la pobreza, y toda clase de mal—. Tales cosas no fueron parte de la intención original de Dios para su creación —no eran «normales»—. Son, más bien, productos de la rebelión del hombre contra el Dios viviente. En este punto resulta fácil imaginar que nuestra historia tuviera un brusco final en el que un Dios justamente airado destruyera todo lo que había creado. Pero Dios, de quien se dice que es «clemente y compasivo...lento para la ira y grande en amor y fidelidad» (Éxod. 34:6) decidió redimir a una humanidad caída (y al resto de su querida creación) salvándola de la esclavitud, el pecado y la muerte. La buena nueva es que Dios no decidió abandonar a su creación arruinada sino redimirla y restaurarla a su gloria primigenia. El nuestro es un relato que reconoce que la muerte, el mal y la injusticia son reales. Su origen es la Caída. Sin embargo, nuestro relato también afirma que hay un Dios amoroso y poderoso que interviene en la historia y redime a la creación de los efectos de la Caída. La urdimbre básica del relato transformador es la obra redentora de Dios en la historia.

Desde el capítulo tercero al noveno se narra la estrategia que Dios despliega para redimir todo lo que se perdió en la Caída. Dios levanta a Abraham y, a través de sus descendientes, extiende su bendición de sanidad y redención a todo el mundo. Israel, la nación nacida de Abraham, Isaac y Jacob, es clave en este proceso. Esta nación fue escogida por Dios para representarle en la tierra, servir de modelo y ser mensajera de su amor redentor por las naciones. El apóstol Pablo dice de Israel: «De ellos son la adopción como hijos, la gloria divina, los pactos, la ley, y el privilegio de adorar a Dios y contar con sus promesas. De ellos son los patriarcas, y de ellos, según la naturaleza humana, nació Cristo, quien es Dios sobre todas las cosas. ¡Alabado sea por siempre! Amén» (Rom. 9:4-5).

El clímax de este relato se encuentra en el capítulo décimo que describe la vida, muerte y resurrección de Jesucristo, el Hijo de Dios y el Rey del universo. Este es el punto focal de nuestro relato y de la historia humana. «Porque tanto amó Dios al mundo, que dio a su Hijo unigénito, para que todo el que cree en él no se pierda, sino que tenga vida eterna. Dios no envió a su Hijo al mundo para condenar al mundo, sino para salvarlo por medio de él» (Juan 3:16-17).

El décimo capítulo es el más importante del relato, pero no el único. En el undécimo capítulo Dios establece a su iglesia para llevar a cabo su plan redentor en las naciones. En su «Gran Comisión», Jesús mandó a su iglesia: «hagan discípulos de todas las naciones…enseñándoles a obedecer todo lo que les he mandado» (Mat. 28:18-20, cursiva del autor). Este mandato es para nosotros. Dios nos ha concedido el honor de colaborar con él en su gran plan redentor para toda la creación.

La conclusión dramática de nuestro relato se produce en el capítulo duodécimo. En este capítulo Jesús, el Rey, retorna con su reino. Cuando lo haga, toda la humanidad le verá. Él juzgará a todos los pueblos, el mal será castigado y toda la creación recuperará su gloria original. Este capítulo final se refiere así a la nueva Jerusalén:

> Vi además la ciudad santa, la nueva Jerusalén, que bajaba del cielo, procedente de Dios, preparada como una novia hermosamente vestida para su prometido. Oí una potente voz que provenía del trono y decía: «¡Aquí, entre los seres humanos, está la morada de Dios! Él acampará en medio de ellos, y ellos serán su pueblo; Dios estará con ellos y será su Dios. Él les enjugará toda lágrima de los ojos. Ya no habrá muerte, ni llanto, ni lamento ni dolor, porque las primeras cosas han dejado de existir».
>
> —*Apocalipsis 21:2-4*

¡Qué visión tan espectacular! Parece más fabulosa que real. Pero no es fábula. Es un relato *verdadero* —el verdadero—. Un relato que encierra esperanza y propósito, —el que están deseando oír las naciones—. Esta es la idea bíblica de la historia.

Las naciones de este mundo están esperando a los hijos de Dios para que les contemos todo este relato y les «enseñemos a obedecer todo lo que Jesús nos ha mandado» (Mat. 28:20). Desgraciadamente, muchos cristianos actuales han descuidado el mandamiento de contar este relato a todas las naciones. En muchos casos, la iglesia se ha apropiado del capítulo central del relato —el «décimo»— y lo ha arrancado del resto. Hemos retardado la llegada del mensaje de salvación por fe en la obra acabada de Cristo, y hemos dicho: «¡Esto, y solamente esto, es nuestro relato! ¡Esto es lo único que hace falta divulgar!»

El problema, por supuesto es, que cuando se separa el evangelio del resto del relato, los que lo oyen tienden a insertarlo en su propio *relato cultural* —aunque sea animista o naturalista—. Es absolutamente esencial que la iglesia comparta el evangelio de Jesucristo en su propio contexto —el relato completo de la revelación de Dios en la Escritura—. Sólo en el contexto de la «supra-historia» tiene sentido el evangelio. Nuestro relato completo es esencial para la transformación de las naciones.

Una analogía tomada de la construcción puede resultar útil aquí. Algunas personas en la iglesia actual han olvidado poner un fundamento para el pueblo de Dios. El evangelio es la piedra angular del cimiento, pero no la única. El cimiento no se puede sostener sin la piedra angular, pero ésta no basta para sostener todo el edificio. El fundamento debe contener todo el relato transformador que acabamos de resumir.

¿Cuál es el fundamento falso, inestable, que conduce a la muerte y a la destrucción de pueblos y naciones? ¡Ese fundamento es la mentira! Una cosmovisión que no se basa en la realidad está fundada en la mentira. La Sagrada Escritura nos advierte que Satanás es el «padre de la mentira» (Juan 8:24). Al propagar sus mentiras, él destruye individuos, comunidades y naciones. ¿Cómo contrarrestar sus mentiras? Vistiéndonos de la verdad. Los cristianos tenemos un relato poderoso que se opone a los relatos distorsionados y a sus concepciones radicalmente distintas de la realidad; un relato que brinda esperanza y sanidad a las naciones.

PREGUNTAS DE DESCUBRIMIENTO
Nuestro lugar en Su historia

El poder de la concepción bíblica de la historia cobra mayor sentido a medida que usted mismo estudia las Escrituras. Abra su Biblia y lea más acerca de esta importante verdad transformadora.

1. Lea Génesis 12:1-3. ¿Qué prometió Dios a Abraham? ¿Qué prometió hacer a través de su descendencia?

    _____

    _____

    _____

    _____

    _____

2. Lea Apocalipsis 7:9-17. ¿Cómo describen estos versículos el cumplimiento de la promesa de Dios a Abraham?

    _____

    _____

    _____

    _____

    _____

3. ¿Cómo los dos pasajes previos, el primero ocurrido hace unos cuatro mil años, y el segundo, en el futuro, conforman la concepción bíblica de la historia?

    _____

    _____

    _____

    _____

    _____

4. ¿Vio Abraham el cumplimiento de la promesa de Dios mientras vivía? ¿Qué lección podemos extraer para nuestra vida?

    _____

    _____

    _____

    _____

5. Según Hebreos 11:16, ¿qué recompensa otorga Dios a los que, como Abraham, dan un paso de fe y confían en las promesas de Dios?

_____

_____

_____

_____

6. Lea 2 Corintios 4:16-18, Filipenses 3:12-14, y Hebreos 12:1-3. Basándose en los ejemplos establecidos por el Señor Jesús, el apóstol Pablo y otros, ¿cuál debe ser nuestra perspectiva del tiempo/la historia como cristianos? ¿Qué debe movernos hacia adelante?

_____

_____

_____

_____

7. Lea Job 19:25-27, Mateo 16:27 y 2 Pedro 3:10-14. ¿Cómo debe afectar a nuestra vida la realidad del retorno cierto de Cristo?

_____

_____

_____

_____

8. Lea Lucas 19:11-26. Según esta parábola, ¿quién es el maestro? ¿Quiénes son los siervos?

_____

_____

_____

9. En la misma parábola, ¿qué representan las *minas* o talentos? ¿Qué quiere el maestro que hagan los siervos con los talentos que él les ha concedido? Cuando el Rey regrese, ¿qué preguntará a sus siervos?

    _____

    _____

    _____

    _____

10. Basándonos en esta parábola, ¿cómo quiere Dios que vivamos?

    _____

    _____

    _____

    _____

11. Repase la interpretación que hizo José del sueño de Faraón, en Génesis 41. ¿Cuál fue el significado del sueño de Faraón? (vs. 15-31)? ¿Qué había resuelto Dios «firmemente hacer» en el versículo 32?

    _____

    _____

    _____

    _____

12. ¿Cómo respondió José (vs. 33-37)?

    _____

    _____

    _____

    _____

13. ¿Cómo influyó la decisión de José en el mundo (vs. 56-57)? ¿Qué enseña este relato acerca del control de Dios sobre los

acontecimientos de la historia y cómo debemos vivir para
responder a ellos?

_____

_____

_____

_____

14. Lea Eclesiastés 9:13-16 y Jeremías 5:1. ¿Cuántas personas
    requirió el Señor para salvar a la ciudad? ¿Qué discerni-
    miento proporcionan estos versículos acerca de cómo usa
    Dios a las personas para desplegar su plan y hacer avanzar su
    reino?

_____

_____

_____

_____

PUNTOS PARA RECORDAR

Una comprensión bíblica de la historia

1. Dios es el autor de la historia, y por eso, ésta tiene sentido y
   propósito. ¡La historia se dirige hacia alguna parte!

2. La historia es una secuencia lineal de acontecimientos significativos que conducen al cumplimiento de los propósitos de
   Dios para la humanidad y la creación.

3. Cada ser humano tiene una importancia asombrosa porque
   Dios usa a las personas para desplegar su plan redentor a través de la historia. Él ha concedido a cada persona talentos y
   dones especiales para este mismo propósito.

4. La Biblia es el registro del despliegue de la obra creadora de Dios. A medida que las personas entienden este relato verdadero, y el lugar que en él ocupan, son transformadas. Lo mismo es válido para todas las culturas.

5. Como cristianos, debemos contar todo nuestro relato al mundo, no sólo el evangelio. Nuestro relato proporciona el contexto necesario para las buenas nuevas de Jesucristo.

PENSAMIENTOS FINALES

Imagine esta sociedad

Imagine una sociedad que cree en la perspectiva bíblica de la historia que hemos examinado en esta sesión. ¿Qué cabría esperar ver?

- Las personas comprenderían el sentido y propósito de la vida porque entenderían el importante papel que juegan en la historia.

- Los ciudadanos concederían gran valor a la vida humana porque entenderían que cada persona tiene una importante función que cumplir en el plan de Dios.

- Cabría esperar que hubiera iglesias espirituales, con relaciones sanas, que comprendieran su importante función en el plan redentor de Dios. Las iglesias se ganarían un gran respeto en la sociedad, ya que servirían a las comunidades, tanto en palabra como en obra.

- Habría una profunda esperanza en un futuro mejor. Esta esperanza propiciaría la toma de riesgos, la inversión a largo plazo, el ahorro y el desarrollo planificado.

¿Qué otra cosa cabría esperar en tal sociedad?

APLICACIÓN PERSONAL
¿Cómo entiende usted la historia?

La perspectiva bíblica de la historia es el «relato transformador». Tiene poder para transformar vidas humanas y naciones enteras. Utilice de estas preguntas para aplicar los principios de esta lección a su vida.

1. ¿Cuál de las siguientes citas cree que describe mejor la perspectiva que sostiene la mayoría de gente en su sociedad acerca del sentido y propósito de la historia? Explique su respuesta.

   La historia es escrita por el dedo de Dios.
   —*C. S. Lewis*[5]

   La vida no es más que una molestia tras otra.
   —*Elbert Hubbard*[6]

   Todo lo que hace un indígena forma parte de un círculo; esto es así porque el Poder del Mundo siempre se mueve en círculos… Incluso las estaciones forman un gran círculo en su traslación, y siempre vuelven a su comienzo. La vida de un hombre es un círculo de una infancia a otra, y así sucede en todo lo que mueve el poder.
   —*Black Elk*[7]

   _____

   _____

   _____

2. ¿Cuáles son algunas de las consecuencias de esta cosmovisión dominante? ¿Cómo afecta al comportamiento de la gente en su sociedad?

   _____

   _____

3.   ¿Cuál es su idea personal de la historia?

   _____

   _____

   _____

   _____

4.   ¿Vive usted convencido de que el plan redentor de Dios para
   la creación marcha hacia adelante y tendrá éxito? ¿Por qué?
   ¿O por qué no? Considere esta pregunta dentro de la función concreta que Dios le ha concedido dentro de su plan.

   _____

   _____

   _____

   _____

5.   Vuelva a leer 2 Pedro 3:10-18. ¿Qué cambios concretos tiene
   que hacer en su vida para vivir de la manera que describe el
   apóstol Pedro? Mencione dos o tres cambios y cuénteselos a
   un amigo a quien pueda rendir cuentas.

   _____

   _____

   _____

   _____

   _____

   _____

UNA RESPUESTA PRÁCTICA
Una revisión de la historia

   Recurra a las siguientes actividades para reflexionar acerca
de cómo la verdad de Dios puede haber influido en el pasado, y
cómo puede influir en el presente y en el futuro. Complete una o

todas las actividades siguientes anotando sus respuestas y comentándolas en grupo. Divídanse en tres grupos más pequeños para completar cada uno un ejercicio distinto y presenten sus ideas al grupo más grande. Sean creativos al contar su relato.

1. Escoja un relato de la Biblia en el que el pueblo desobedeció algún mandato de Dios y sufrió consecuencias desastrosas. Después rescriba el relato como si la gente hubiese obedecido las instrucciones de Dios. ¿Qué dirían y harían ellos? ¿Cómo terminaría el relato? ¿Cómo habría afectado a la historia? Recuerde que las personas tienen defectos y por eso no se comportan perfectamente. Pero ayúdeles de algún modo a seguir la voluntad de Dios.

2. Escoja un incidente de la historia de su país y rescríbalo conforme a los mismos parámetros explicados en el ejercicio 1.

3. Identifique una situación actual en su país y trace una progresión y un final influidos por la obediencia de una persona a Dios. ¿Cómo el reconocer la verdad y el plan redentor de Dios influirían en el futuro?

Puede que algunos miembros de su grupo no estén de acuerdo acerca de lo que significa observar las leyes de Dios en ciertas circunstancias, así que trate de crear más de un escenario para debatir en grupo.

La próxima sesión: *cómo el enemigo apunta al blanco de una cultura*

Los abecés de la cultura

La ciudad de Constanza está situada en un valle fértil, rodeado de pintorescas montañas, en la caribeña República Dominicana. Allí abunda el agua y el clima es moderado durante todo el año. En el valle, varias familias se ganan la vida con dificultad trabajando en sus pequeñas granjas de subsistencia. Son algunas de las gentes más pobres del país.

Pero al mismo tiempo hay casas grandes y bellas mansiones que miran al valle y tienen una vista espectacular. Sus dueños son inmigrantes japoneses que se trasladaron a la República Dominicana poco después de la Segunda Guerra Mundial. Salieron de Japón prácticamente sin nada, salvo la ropa puesta. Como los granjeros locales que trabajan en el valle, ellos también trabajaron como simples campesinos pobres cuando llegaron a este país. Pero después de algunas décadas prosperaron económicamente, mientras que los trabajadores nativos siguen luchando contra la pobreza en medio de este marco imponente.

¿Qué explicación cabe dar para justificar la diferencia entre estos dos grupos? Ellos compartieron idénticas circunstancias físicas y recursos naturales. Lo más probable es que la respuesta tenga que ver con sus distintas cosmovisiones. Los colonos japoneses trajeron con ellos una mentalidad que acentúa la importancia del trabajo esforzado y la perseverancia en medio de las dificultades. Sus padres, en Japón, les habían enseñado a no rendirse nunca. Los campesinos dominicanos nativos, por otra parte, siguen aferrados a un sistema de creencias fatalistas. Para ellos la pobreza era algo que se daba por sentado; eran pobres porque sus padres antes que ellos lo habían sido, como también sus abuelos. La pobreza no era sino su destino y su suerte en la vida. Tal fatalismo les volvía pasivos frente a las dificultades, haciéndoles creer que «lo que tenga que ser, será».

Sin embargo, las creencias destructivas no eran exclusivas de los campesinos dominicanos. Un conjunto diferente, pero igualmente destructivo de creencias habían provocado la inmigración de los japoneses. Un sentido profundamente arraigado de superioridad racial alimentó la agresiva colonización japonesa del este de Asia que comenzó en 1895 y culminó con la invasión de China en 1936 y la conquista progresiva del sudeste de dicho continente. Ese sentir, y su pacto con los nazis europeos, los movió a intervenir en la Segunda Guerra Mundial. Esta guerra causó mucha destrucción en Japón y precipitó directamente la emigración de los campesinos japoneses.

Todos los países, hasta cierto punto, abrazan creencias falsas, destructivas, incluso aquellos donde la iglesia es próspera y activa. Las iglesias abundan en los Estados Unidos, en donde prevalece una subcultura cristiana de libros, televisión y películas. Nueve de cada diez adultos estadounidenses confiesan creer en Dios y poseer al menos una Biblia[1]. No obstante, entre 1973 y 2001, treinta y ocho millones de bebés fueron asesinados mediante la práctica del aborto[2] y la tasa de divorcios de cristianos y no cristianos es esencialmente la misma.[3] ¿Cómo pueden suceder tales cosas en una nación «cristiana»? Una encuesta realizada por el Grupo de Investigación Barna en enero del 2000 sugiere que menos de la mitad de todos cristianos «nacidos de nuevo» en los Estados Unidos (aproximadamente el 44 por ciento) creía que existe la «verdad moral absoluta»[4]. La mayoría de los cristianos estadounidense no están, en modo alguno, seguros de la existencia de las normas absolutas que rigen el bien y el mal. Para la mayoría de estos ciudadanos, la verdad, —si es que existe— es incognoscible. De ahí que la gente se sujete a poca o ninguna restricción moral.

Estas tres creencias —el fatalismo, la superioridad racial y el relativismo— están asentadas en la mentira. Como ocurre con todas las mentiras, sus consecuencias son trágicas y perjudiciales. Detrás de todas las mentiras se oculta Satanás, el padre de la mentira. Pero dado que este mundo pertenece a Dios, hay esperanza para los que están atados por las falsificaciones del enemigo. La verdad es más poderosa que la mentira, y la palabra de Dios es veraz. Satanás tiene poder, pero Dios es mucho más poderoso.

En esta sesión examinaremos cómo distorsiona el diablo la verdad de Dios y veremos que los enfoques torcidos acarrean una variedad de consecuencias destructivas. Cuando los individuos y las culturas creen estas distorsiones, se vuelven esclavos.

PALABRAS CLAVES

Las ideas acarrean consecuencias

Consecuencia

Una consecuencia es un acontecimiento o situación que deriva de un hecho, causa, principio o conjunto de condiciones.

Falsificación

Lo falso está hecho a imitación de lo genuino o superior, especialmente con la intención de engañar o defraudar.

Elemental

La palabra *elemental* significa primario, inicial o rudimentario. Indica los elementos o principios más simples de una idea o cosa.

Hedonismo

El hedonismo es una doctrina o creencia que sostiene que el placer o la felicidad es el mayor bien y por tanto debe ser la finalidad y el propósito de la vida.

Principio

Un principio es una norma aceptada de conducta o acción. Los principios en los que uno cree, establecen o definen el código de conducta de la persona.

VERSÍCULOS CLAVES
El padre de la mentira

Ustedes son de su padre, el diablo, cuyos deseos quieren cumplir. Desde el principio éste ha sido un asesino, y no se mantiene en la verdad, porque no hay verdad en él. Cuando miente, expresa su propia naturaleza, porque es un mentiroso. ¡Es el padre de la mentira!

—Juan 8:44

En el versículo precedente, el Señor Jesús se dirige a un grupo de fariseos y otros judíos (Juan 8:13, 22) durante su visita a Jerusalén para la fiesta de los Tabernáculos (Juan 7:2-10).

1. ¿Cómo define el Señor Jesús a Satanás en este pasaje?

    _____

    _____

2. ¿Cuál es la esencia de la obra de Satanás?

    _____

    _____

3. ¿Cuál es la «lengua nativa» de Satanás?

    _____

    _____

4. ¿Qué sucede cuando los individuos o los pueblos creen las
    mentiras de Satanás? Véase Gálatas 4:9.

    _____

    _____

5. Por contraste, ¿Cómo se define el Señor Jesús a sí mismo en
    Juan 14:6?

    _____

    _____

INTUICIONES BÍBLICAS

Esclavitud de personas y pueblos

Tal como explica el apóstol Pablo en Romanos 1:18-32, cuando
los seres humanos caídos cambian la verdad de Dios por la mentira,
inevitablemente se siguen consecuencias terribles. Estas consecuencias no sólo afectan a las personas, ya que las mentiras satánicas
penetran en la cultura del país y corrompen costumbres, prácticas,
instituciones sociales, estructuras y leyes. La verdad es el fundamento del sano desarrollo de un país y una comunidad, pero las
mentiras aseguran su destrucción. E. Stanley Jones, gran misionero y

estadista en la India del siglo pasado, dijo en una ocasión: «Nosotros no quebrantamos las leyes de Dios, sino más bien, nos quebramos contra las leyes de Dios»[5].

Satanás esclaviza a las naciones

En el versículo clave de esta sesión (Juan 8:44), Jesús describe a Satanás como el «padre de la mentira». Cuando Satanás habla, lo suyo es mentir. La Biblia explica que Satanás utiliza sus mentiras para esclavizarnos. Pero él no sólo miente a las personas; sus mentiras esclavizan a las naciones (Apo. 20:3). En este esfuerzo, él recurre a dos armas fundamentales. Colosenses 2:8 califica a la primera como una filosofía centrada en el hombre. En este versículo, Pablo no ataca el estudio de la filosofía. Es más, *filosofía* significa «amor a la sabiduría», y como dice Proverbios 3:13: «Dichoso el que halla la sabiduría». Pablo quiere decir, en cambio, que una de las principales herramientas que usa Satanás para esclavizarnos es la «filosofía que depende de…los principios de este mundo y no conforme a Cristo» (Col. 2:8).

En el mismo versículo, Pablo califica tal filosofía de «vana y engañosa», que sigue «tradiciones humanas». Pasa de padres a hijos, de una generación a otra. El apóstol Pedro escribió en un tono similar: «Como bien saben, ustedes fueron rescatados *de la vida absurda que heredaron de sus antepasados*. El precio de su rescate no se pagó con cosas perecederas, como el oro o la plata, sino con la preciosa sangre de Cristo, como de un cordero sin mancha y sin defecto» (1 Ped. 1:18-19, cursiva del autor).

¿Cuáles son los «rudimentos del mundo» a los que Pablo alude en Colosenses 2:8? En Gálatas 4:9, se pregunta: «¿Cómo es que quieren regresar a esos *principios ineficaces y sin valor*? ¿Quieren volver a ser *esclavos* de ellos?» (cursiva del autor). Pablo califica estos principios de «ineficaces y sin valor». La palabra griega *stoicheia*, traducida por «principios» en este versículo, significa literalmente principios básicos, fundamentales o elementales.

Todos nos encontramos con principios básicos o elementales en nuestras vidas cotidianas. Si queremos aprender otro idioma comenzamos con sus principios fundamentales de esa lengua: su alfabeto, sus reglas básicas de sintaxis de las palabras y tal vez algo de gramática y algún vocabulario elemental. Si queremos aprender matemáticas, hemos de aprender antes los números y lo que representan. Si queremos dibujar o pintar alguna cosa, debemos aprender antes acerca de la proporción, la perspectiva, el sombreado, y si usamos colores cómo se combinan los colores básicos para crear los tintes que deseamos. Si queremos leer música debemos empezar con los principios elementales de leer las notas en el pentagrama, los símbolos que representan los tonos y valores del ritmo, etc.

Del mismo modo, los principios básicos constituyen los cimientos de la cultura humana. Son los abecés de la cultura. Pablo alude a estos principios elementales al emplear la palabra stoicheia. Satanás apunta a estos principios elementales para llevar a cabo su obra fraudulenta. Él usa principios falsos para esclavizar naciones. Gailyn Van Rheenen, misionero en Kenya en la década de 1970, escribió el siguiente análisis del combate espiritual:

> «La concepción sistémica [del combate espiritual] ve a las potestades como seres espirituales-personales que influyen activamente en las estructuras socioeconómicas y políticas de las sociedades. Estas potestades han establecido sus propias normas y reglamentos que alejan a las culturas de Dios. Los principios elementales [stoicheia] mencionados en los escritos paulinos (Gál. 4:3; Col. 2:8, 20) son ejemplos… [Stoicheia] ilustrados por las observancias legalistas de la ley, la adoración de ángeles y el retorno a prácticas animistas pre-cristianas. Stoicheia en estos contextos equivale a las deformaciones demoníacas

de la sociedad humana. Las potestades, por ser enti-
dades espirituales personales, han invadido el mis-
mísimo tejido social. Así pues, aun las instituciones
cristianas reflejan estas influencias demoníacas una
vez que las potestades se infiltran en las instituciones humanas.»[6]

Los bloques del edificio

Los principios elementales (*stoicheia*) pueden ser considerados
como los bloques culturales de un edificio. En la mayoría —si no
en todas— las culturas del mundo, algunos bloques se alinean
con la verdad bíblica. Estos bloques «del reino» sostienen todo
lo que hay de moral y hermoso en una sociedad. Encontramos
bloques del reino en la música, el arte, la ciencia, la ley, la tecno-
logía y la educación. Es probable que todas las culturas abracen,
al menos, algunos aspectos de la verdad bíblica. Cualquier porción de esta verdad hallada en una cultura puede ser alimentada,
afirmada y estimulada.

Por otra parte, en todas las culturas del mundo, Satanás
introduce bloques de construcción falsos fundados en mentiras.
Estos constituyen los rasgos inmorales y profanos de cualquier
cultura. Por ejemplo, la esclavitud en los Estados Unidos estuvo
basada en la mentira de que la gente de piel blanca es superior
a la de piel negra. El abuso y el sometimiento de las mujeres en
muchas culturas se basan en la mentira de que los hombres son
superiores a las mujeres. El sistema de castas en la India se basa
en la mentira de que las personas de un grupo social son más
valiosas que las de otro.

Esa clase de mentiras o bloques de edificación falsos existen
en todas las culturas. Representan lo que el apóstol Pablo califica como principios vanos, engañosos, débiles, ineficaces y sin
valor. Deben ser desenmascarados, resistidos, desarraigados y
sustituidos por los bloques del reino basados en la verdad eterna,

revelada por Dios. Aunque todas las culturas contienen verdades y mentiras, aquellas que contienen más verdad, bondad y belleza crean sociedades más libres, más justas, más prósperas y más compasivas. Las culturas que se construyen con más falsedad, maldad y fealdad, producen sociedades más insensibles, esclavizadas y corruptas.

Ejemplos de falsificaciones satánicas

Puesto que Satanás planta muchas mentiras en todas las culturas, prevalecen las siguientes creencias falsas:

1. La verdad no existe, por tanto, el hombre no es responsable. Esta mentira florece en muchos países occidentales influidos por la cosmovisión naturalista. Si no hay Dios, el hedonismo y el consumismo desenfrenado pasan a ser la perspectiva lógica de la vida. Si podemos hacer lo que nos venga en gana sin temor a comparecer o a rendir cuentas en un juicio final, y si no hay un camino más alto a donde dirigirnos, entonces hemos de «comer, beber y disfrutar, porque mañana moriremos». Así, la autocomplacencia ha llegado a ser uno de los valores supremos de los países occidentales.

2. Si la verdad existe, es incognoscible. Tanto el naturalismo como el animismo han distorsionado la comprensión de la verdad. El naturalismo no da cabida a la noción de una verdad absoluta y trascendente. Lo único que existe es materia y energía en un universo cerrado de causa y efecto. La verdad es aquello que queramos que sea. Muchas culturas animistas también consideran que la verdad es incognoscible. Incluso en una de las principales religiones del mundo, el hinduismo, el principio de aviya significa «adorar a los dioses que se ignoran». En este sentido, la sociedad hinduista valora en realidad la ignorancia. Imagine que usted es un misionero que quiere enseñar a leer a una gente analfabeta en la India para que puedan leer la Biblia en su propia lengua. Pero, cuando comienza a entender la cultura hindú, se dará cuenta de que en muchas partes del mundo hindú animar al pobre para que aprenda a leer es pedirle que peque.

3. *La vida humana tiene poco valor.* En consecuencia, el aborto ha llegado a ser una práctica común —e incluso se aclama como un derecho— en las culturas en las que se ha impuesto el naturalismo. Pocas personas levantan la voz en nombre de los millones de niños no nacidos, sacrificados en el altar de la «opción». El animismo también concede escaso valor a la vida humana. El hinduismo, por ejemplo, carece de base racional por la que se deba ayudar a las personas en necesidad. Los pobres están destinados a la pobreza por lo que hicieron en sus vidas pasadas. A diferencia del cristianismo, el hinduismo no valora a los individuos ni los ve como «una creación admirable y maravillosa», hecha a imagen de Dios (Sal. 139:14).

Tales mentiras son terriblemente destructivas. ¡Cuánto necesita el mundo oír la historia transformadora que transmite la cosmovisión bíblica! Sólo la cosmovisión bíblica refleja la verdad —verdad que encierra poder transformador para las personas y pueblos atrapados en la red de mentiras satánicas.

PREGUNTAS DE DESCUBRIMIENTO
El cambio terrible

La Escritura explica la realidad y las consecuencias del engaño satánico y ofrece directrices para actuar y resistir las mentiras de Satanás. Abra su Biblia y descubra estas importantes verdades por sí mismo.

1. Lea Romanos 1:18-32. Concéntrese luego en los versículos 18-20. ¿Por qué está Dios enfadado con la humanidad?

    _____

    _____

    _____

    _____

2. ¿Qué implica la palabra obstruir por lo que respecta a la capacidad humana para conocer la verdad?

    _____

    _____

    _____

3. ¿Qué ha revelado Dios a todas las personas a través de su creación?

    _____

    _____

    _____

4. Concéntrese en los versículos 21-24. A pesar de que la gente conoció a Dios a través de su creación, ¿de que manera respondió? ¿Cuáles fueron las consecuencias?

    _____

    _____

    _____

5. Concéntrese en los versículos 28-32. ¿Qué estimó la gente que no valía la pena? ¿Qué influencia tuvo esto sobre sus valores y conducta?

    _____

    _____

    _____

    _____

6. En su opinión, ¿por qué son tan importantes las ideas, las creencias y las mentalidades?

    _____

    _____

    _____

    _____

7. Lea Efesios 6:10-12. ¿Contra qué no batallamos? ¿Contra qué sí?

    _____

    _____

    _____

8. Defina al enemigo en sus propias palabras.

    _____

    _____

    _____

9. Lea Juan 8:44; Apocalipsis 12:9 y 20:3, 7-8; y 2 Corintios 4:4.
    ¿Quién es Satanás? ¿Qué es lo que hace? ¿A quién miente?

    _____

    _____

    _____

10. ¿Qué ha hecho el «dios de este mundo» según 2 Corintios
    4:4?

    _____

    _____

    _____

11. Lea Gálatas 4:3-10. ¿Cómo caracteriza el apóstol Pablo el
    pasado del creyente? Consulte los versículos 3 y 8.

    _____

    _____

    _____

    _____

12. ¿Qué hizo Dios por nosotros? Examine los versículos 4-5.

    _____

    _____

    _____

13. ¿Cuáles son los beneficios actuales para los creyentes? Véase el versículo 7.

_____

_____

_____

_____

14. ¿Qué opción les queda a los creyentes? Véase el versículo 9.

_____

_____

_____

_____

15. Según Pablo, ¿qué medios o métodos nos esclavizaron en el pasado y pueden volver a   hacerlo? Véanse los versículos 3 y 9-10.

_____

_____

_____

_____

16. Lea Juan 8:31-32. ¿Cómo somos liberados?

_____

_____

_____

17. Según Efesios 6:13-18, ¿qué podemos hacer para resistir las artimañas del diablo? ¿Cuál es el primer objeto de la armadura que hemos de ponernos?

_____

_____

_____

_____

PUNTOS PARA RECORDAR
Repaso de los abecés

1. La Biblia define a Satanás como «padre de la mentira».

2. Satanás se opone a Dios y, por lo tanto, a la Biblia y a la cosmovisión bíblica.

3. El engaño satánico afecta a los individuos y también a las naciones. Las mentiras de Satanás penetran en las costumbres, prácticas, instituciones, estructuras sociales y leyes.

4. El enemigo apunta a los principios elementales de una cultura y los corrompe para llevar a cabo su plan destructor.

5. Cuando los individuos o pueblos creen y actúan basados en la mentira, se descomponen y se esclavizan.

6. Sólo la verdad de Dios puede proporcionar alivio, libertad, sanidad, y vencer la mentira.

PENSAMIENTOS FINALES
Liberémonos del engaño

La pobreza física no ocurre por accidente. Los bloques culturales falsos como el fatalismo, el prejuicio y el orgullo, influyen decisivamente para que las personas sufran pobreza, corrupción u otras formas de ruina. Cuando estas mentiras satánicas pasan a formar parte de las bases de una cultura, acabarán rezumando en las leyes y estructuras de una sociedad. Acabarán engendrando corrupción, injusticia, falta de respeto por la vida humana y muchos otros males sociales.

En definitiva, la ruina se remonta al pecado y a la rebelión contra el Creador. Cuando reconocemos esto en nuestra vida clamamos con el apóstol Pablo: «¡Soy un pobre miserable! ¿Quién me librará de este cuerpo mortal? ¡Gracias a Dios por medio de Jesucristo nuestro Señor!» (Rom. 7:24-25). Agradezcamos que el poder de Dios sea más fuerte que el mal, y que él provea un medio para rescatarnos de la atadura del pecado y del engaño satánico. La verdad de su poderosa palabra hace esto posible: «Por lo tanto, ya no hay ninguna condenación para los que están unidos a Cristo Jesús, pues por medio de él la ley del Espíritu de vida me ha liberado de la ley del pecado y de la muerte. En efecto, la ley no pudo liberarnos porque la naturaleza pecaminosa anuló el poder; por eso Dios envió a su propio Hijo en condición semejante a nuestra condición de pecadores, para que se ofreciera en sacrificio por el pecado. Así condenó Dios al pecado en la naturaleza humana, a fin de que las justas demandas de la ley se cumplieran en nosotros, que no vivimos según la naturaleza pecaminosa sino según el Espíritu» (Rom. 8:1-4).

«Así que si el Hijo os libera, seréis verdaderamente libres» (Juan 8:36).

APLICACIÓN PERSONAL

El engaño de las naciones

Apocalipsis 20:1-3 asegura: «Vi además a un ángel que bajaba del cielo con la llave del abismo y una gran cadena en la mano. Sujetó al dragón, a aquella serpiente antigua que es el diablo y Satanás, y lo encadenó por mil años. Lo arrojó al abismo, lo encerró y tapó la salida para que no engañara más a las naciones».

Satanás engaña tanto a los individuos como a las naciones. No obstante, su condena es segura. Podemos consolarnos y animarnos por este hecho. Recurra a las preguntas que siguen para descubrir las maneras en que Satanás engaña a su país y cómo puede levantarse contra su obra de maldad.

1. ¿Qué ideas o creencias emplea Satanás para esclavizar a su cultura o nación? Esas son sus bloques culturales falsos. Piense en varios; anótelos.

_____

_____

_____

2. Escoja una de sus respuestas a la primera pregunta —tal vez
    la que parece más destructiva para su nación o cultura—.
    ¿Conoce las raíces históricas de esta idea en su cultura? Es
    decir, ¿dónde se originó la idea? Si lo sabe, escriba una breve
    explicación.

    _____

    _____

    _____

    _____

3. ¿Cómo se expresa esta idea en palabras, frases, canciones,
    relatos, chistes, leyes, prácticas, conductas?

    _____

    _____

    _____

    _____

4. ¿Qué consecuencias se derivan de esta idea? ¿Qué conse-
    cuencias acarrea para los individuos, las familias, las iglesias
    y para la nación entera?

    _____

    _____

    _____

    _____

    _____

5. ¿Cómo le ha afectado personalmente esta idea?

    _____

    _____

    _____

    _____

    _____

    _____

6. Si esta creencia representa un engaño o mentira satánica, entonces ¿cuál es la verdad revelada en la Escritura? Mencione pasajes o versículos concretos de la Escritura, si los conoce.

_____

_____

_____

_____

_____

7. Tómese tiempo para considerar en oración sus respuestas a las preguntas de arriba. ¿Le han revelado estas preguntas algo de lo que usted necesita arrepentirse personalmente? Si es así, hágalo ahora. Puede anotar su oración abajo.

_____

_____

_____

_____

_____

8. Como miembro de su sociedad, ¿hay algo de lo que usted se puede arrepentir en nombre de su nación o su cultura? (Véase Isaías 6:5). Además de orar, ¿qué puede hacer usted o su iglesia para contrarrestar el engaño satánico identificado en este ejercicio?

_____

_____

_____

_____

_____

UNA RESPUESTA PRÁCTICA

Resistamos las mentiras de Satanás

Vuelva a la sección Aplicación personal de esta sesión. Esta finalizó pidiéndole que identificara una cosa que usted o su iglesia pueden hacer para contrarrestar el engaño satánico descrito como parte del ejercicio. Confeccione ahora un plan y llévelo a cabo. Su plan podría incluir:

◆ Una descripción del engaño satánico y sus consecuencias.

◆ Una descripción de algo concreto que usted va a hacer para contrarrestar el engaño.

◆ Una lista de pasos específicos o tareas necesarias. Por ejemplo, un buen primer paso sería comenzar en oración.

◆ Una lista de recursos necesarios y cómo obtenerlos.

◆ Una lista de personas involucradas.

◆ Una fecha de finalización.

◆ El nombre de una persona con quien va a compartir su plan y a quién podría rendir cuentas de su cumplimiento.

Después de llevar a cabo su plan, haga una evaluación sencilla. ¿Qué resultado ha dado? ¿Qué puede cambiar la próxima vez?

La próxima sesión: *revistámonos de la cosmovisión bíblica*

Revistámonos de la cosmovisión bíblica

Se ha dicho que fue «el mayor logro moral del pueblo británico» y «uno de los acontecimientos cruciales de la historia»[1], pero estuvo a punto de no producirse.

En el siglo XVIII, cuando William Wilberforce tenía veinticinco años y era un joven político, experimentó un «Gran cambio». Oyó el evangelio, respondió en fe y nació de nuevo. Según el ensayista cristiano Os Guiness, el joven quiso abandonar inicialmente su carrera política y dedicarse a un ministerio pastoral de tiempo completo. «Él pensaba, como millones de personas antes y después de él, que los asuntos "espirituales" son mucho más importantes que los "seculares", tal como la política», explica Guiness[2].

Afortunadamente, John Newton, pastor y autor del himno «Gracia Abundante», (comerciante de esclavos antes de su conversión al cristianismo), animó a Wilberforce a orar detenidamente acerca de esta decisión. «Se espera y se cree» —le escribió Newton a Wilberforce— «que el Señor le ha levantado para bien de la nación»[3].

Después de mucha oración y reflexión, Wilberforce asintió. Cambió de actitud y permaneció en la política como cristiano evangélico consagrado y miembro del parlamento británico. Poco después, el domingo 28 de octubre de 1787, Wilberforce anotó en su diario la vocación a la que creía que Dios lo había llamado. «Dios Todopoderoso ha puesto delante de mí dos grandes objetivos: la supresión del mercado de esclavos y la reforma de las costumbres»[4].

«Tan espantosa, tan horrenda» —comentaría más tarde ante la Cámara británica de los Comunes—, «...tan irremediable me pareció la perversidad del mercado de esclavos que mi mente tomó partido completo por la Abolición. No importa cuáles fueran las consecuencias, a partir de ese momento determiné no descansar hasta conseguir la abolición»[5].

Y no descansó. Por la época de la conversión y el llamado de Wilberforce, el comercio de esclavos africanos constituía un pilar fundamental de la economía británica. Sólo unas cuantas personas creían que era incorrecto o perverso. Poderosos intereses creados se opusieron depravadamente a Wilberforce como varias celebridades británicas y la mayor parte de la familia real. «Cuando Wilberforce presentó su primera enmienda para abolir la esclavitud en 1781, fue fácilmente derrotada por 163 votos en contra y 88 a favor. Pero Wilberforce rehusó darse por vencido. Siguió combatiendo, apoyado por sus colegas abolicionistas para poner fin al comercio de esclavos, y a la larga, por la plena libertad de todos los esclavos. Wilberforce murió el 29 de julio de 1833. Un mes más tarde el parlamento aprobó la Ley de la abolición de la esclavitud que concedió libertad a todos los esclavos del imperio británico»[6].

La vida de William Wilberforce ejemplifica cómo Dios puede usar a alguien comprometido con la cosmovisión bíblica para transformar una sociedad entera. Wilberforce comprendió que la verdad bíblica no debe quedar confinada al ámbito «espiritual» de la vida. Debe penetrar el mundo de las ideas. Si él se hubiera dedicado al «servicio cristiano de tiempo completo» habría podido ser un buen pastor, pero no habría sido «sal y luz» (Mat. 5:13-16) en el parlamento británico, y la abolición de la esclavitud podría no haber sucedido, u ocurrido posteriormente —ya que fue una victoria apretada.

En esta sesión examinaremos cómo «revestirnos de la cosmovisión bíblica y luego practicarla en el contexto de la familia, la comunidad y la nación.

PALABRAS CLAVES
Una mente cristiana

Presuposición

Una presuposición es un hecho o declaración, tal como una proposición, axioma o noción «presupuesta» o dada por sentado. Es similar a la palabra *supuesto* (algo que se asume) definida en la sesión 1.

Vocación

La palabra *vocación* evolucionó de la latina voco, que significa llamar, convocar. El significado original indica oír y responder a la voz de Dios. Una vocación era un llamamiento o convocación para una esfera de servicio. Esta palabra ha perdido hoy gran parte de su significado espiritual original y denota normalmente empleo, ocupación u oficio.

VERSÍCULOS CLAVES
Renueve su mente

No se amolden al mundo actual, sino sean transformados mediante la renovación de su mente. Así

podrán comprobar cuál es la voluntad de Dios,
buena, agradable y perfecta.

—*Romanos 12:2*

1. ¿A qué no nos debemos conformar ya más?

   _____

   _____

2. ¿Cómo hemos de ser transformados?

   _____

   _____

   _____

3. ¿Qué efecto tendrá esta transformación?

   _____

   _____

INTUICIONES BÍBLICAS

El revestimiento, la práctica

Desde el Israel del Antiguo Testamento hasta la iglesia del Nuevo, el estribillo que resuena a través de la Escritura es Romanos 12:2: «No se amolden al mundo actual». Aunque los discípulos sabían cómo piensa y actúa el mundo, Jesús les dijo que «no debía ser así» entre ellos (Mar. 10:35-42). El apóstol Pablo se hace eco de esto en Efesios 4:22-24, donde nos amonesta a «quitarnos el ropaje de la vieja naturaleza», la cual está corrompida por los deseos engañosos; ser renovados en la actitud de nuestra mente; y ponernos el ropaje de la nueva naturaleza, creada a imagen de Dios».

Por supuesto, ser como Dios significa aprender a pensar como él, ser «transformados mediante la renovación de la mente»

(Rom. 12:2). Una mente transformada puede conducir a la transformación de la conducta y, en última instancia, de toda la vida. El teólogo británico John Stott afirma: «Si alguien desea vivir rectamente tiene que pensar rectamente. Y para pensar rectamente tiene que renovar su mente»[7].

Esta transacción de «despojarse» de cosmovisiones falsas y «revestirse» de la cosmovisión bíblica no ocurre automáticamente cuando uno acepta a Cristo como Salvador. Tampoco es un proceso fácil o sencillo. Es más bien un proceso continuo, de por vida. Es una disciplina. Capacitados por el Espíritu Santo, aprendemos a disciplinarnos conscientemente para pensar y actuar conforme a la cosmovisión bíblica y aplicarla a todas las esferas de la vida, incluso a las cosas pequeñas. Si no aprendemos esta disciplina, por defecto pensaremos y actuaremos conforme a la cosmovisión de la cultura dominante.

Para revestirse de la verdad bíblica hay que entender primero los supuestos básicos de la Escritura y después contrastarlos con los supuestos contrarios de la cultura que nos rodea. En resumidas cuentas, aprendemos a pensar «mundanamente». Para muchos cristianos, la fe bíblica sólo influencia una pequeña parte de su vida y su pensamiento. Aunque las verdades de la Escritura conforman plenamente sus vidas «espirituales», sólo afectan nominalmente su forma de pensar y su conducta en otros ámbitos de su vida, como vocaciones, familias o comunidades. No es raro que el creyente viva según dos sistemas distintos de creencias —uno en la iglesia y su «vida espiritual» y otro en el mundo de su vida personal. Ciertamente, para que las naciones sean discipuladas como Cristo mandó en Mateo 28:18-20, sus seguidores deben «revestirse» de la cosmovisión bíblica aplicando los principios a todas las esferas de su vida —no sólo a la espiritual sino a todas las áreas de la misma—. Entonces podrán propagar resueltamente la verdad por todo el mundo, ya que la viven en sus familias y a través de sus vocaciones.

Al finalizar este estudio, considere cómo *revestirse* y *aplicar* la cosmovisión bíblica. Este no es un ejercicio académico sino la esencia de ser «sal y luz» en el mundo (Mat. 5:13-16). Para los creyentes no hay nada más importante que andar en relación con Dios y vivir conforme a su verdad revelada. Cuando un número suficiente de creyentes lo hagan, las culturas serán transformadas y naciones enteras serán discipuladas.

Transfórmese

En Mateo 22:37-38, el Señor Jesús resume la intención de Dios para la humanidad en una sola frase: «Ama al Señor tu Dios con todo tu corazón, con todo tu ser y con toda tu mente. Éste es el primero y el más importante de los mandamientos». Muchos de nosotros sabemos qué quiere decir amar a Dios con todo el corazón, pero ¿qué significa amar a Dios con toda la mente?

El apóstol Pablo ayuda a responder esta pregunta. En Romanos 12:2 (cita mencionada en la sección de los Versículos Claves) Pablo insta: «No se amolden al mundo actual, sino sean transformados mediante la renovación de su mente» Es posible haber «nacido de nuevo» e involucrarse en actividades «espirituales» y seguir teniendo una mentalidad conforme al «modelo de este mundo». Si le parece difícil de creer, vuelva a leer Mar. 10:35-45 y examine por qué el Señor Jesús regañó a sus discípulos.

Desde el mismo instante en que nacemos somos bombardeados con ideas. Las recibimos de nuestros padres, amigos, maestros, empleados y otros. También nos influyen las ideas de los medios de comunicación y de la cultura popular. Algunas de esas ideas pueden alinearse con la verdad bíblica, pero la mayoría no. Al ser hechos hijos de Dios, este conjunto de ideas (o cosmovisión) no se desvanece automáticamente. Antes bien, hay que decidir amar a Dios con toda nuestra mente. Debemos descubrir los supuestos que sostenemos inconscientemente y desenmascararlos a la luz de la verdad bíblica. Al hacerlo, seremos transformados mediante la «renovación de la mente.» Usando aún un lenguaje más fuerte, el apóstol Pablo nos exhorta a «destruir argumentos y toda altivez que se levanta contra el conocimiento de Dios, y…llevar cautivo todo pensamiento para que se someta a Cristo» (2 Cor. 10:5). Todos los creyentes son llamados a participar en esta batalla.

El revestimiento

Para renovar la mente debemos iniciar un proceso profundo de estudio de la palabra de Dios. Hemos de permitir que la Palabra penetre en cada rincón de nuestra mente. Esto puede parecer una tarea imposible. Algunos argumentan que estamos tan profundamente conformados por la cultura que nos rodea que es virtualmente imposible adoptar la perspectiva de Dios acerca de la verdad. Según esta perspectiva, estamos mentalmente atrapados en nuestra propia cultura, lo que determina la manera como vemos las cosas e incluso, como vemos la Escritura.

En un sentido, esto es cierto. Como dice Jesús: «Para los hombres es imposible, mas para Dios todo es posible» (Mat. 19:26). Con nuestra propia fuerza y recursos es imposible entender realmente la verdad. Pero podemos comprenderla con la ayuda divina, que está disponible de tres maneras principales. Primero, cuando somos salvos ocurre una notable transformación (2 Cor. 5:17). Ésta inunda cada parte de nuestro ser, incluida la mente y el pensamiento. No obstante, vivimos en un mundo caído y, por lo tanto, seguimos combatiendo contra cosmovisiones falsas. Sin embargo, como nuevas criaturas en Cristo poseemos abundantes recursos mentales que Dios nos ha dado para ayudarnos a comprender la verdad.

Segundo, la verdad revelada por Dios en la Escritura es inspirada y divinamente poderosa, igualmente válida para todas las culturas, naciones y edades. A medida que leemos la Biblia de Génesis a Apocalipsis (no como una serie de relatos y enseñanzas aisladas e inconexas sino como un libro con una cosmovisión única y comprehensiva) nuestras mentes serán transformadas. La Biblia no es un libro cualquiera. Encierra poder divino. «Ciertamente, la palabra de Dios es viva y poderosa, y más cortante que cualquier espada de dos filos. Penetra hasta lo más profundo del alma y del espíritu, hasta la médula de los huesos, y juzga los pensamientos y las intenciones del corazón» (Heb. 4:12).

A pesar de estos beneficios, seguimos siendo responsables. No podemos adquirir una cosmovisión bíblica, o una mente transformada, si pasamos la mayor parte de las horas viendo televisión, leyendo, trabajando, comprando, y al mismo tiempo ignorando la Escritura. Debemos disciplinarnos a nosotros mismos para estudiar y aplicar la palabra de Dios. Nuestra motivación será dar a Dios gloria y honor, y le honraremos procurando amarle con toda nuestra mente.

La práctica

Aunque Dios nos llama a ser santos y a apartarnos, también nos pide que actuemos en el mundo como embajadores suyos (2 Cor. 5:20). Jesús dice: «No te pido que los quites del mundo, sino que los protejas del maligno. Ellos no son del mundo, como tampoco lo soy yo» (Juan 17:15-16). Estas palabras establecen un frágil equilibrio. Hemos de estar en el mundo, pero no ser del mundo. Hemos de ser como un barco que se mueve en el agua, pero sellado en su exterior. Nuestra responsabilidad es discipular a las naciones (Mat. 28:18-20), por ello, debemos involucrarnos en ellas pero al mismo tiempo mantenernos separados del mundo mediante nuestra decidida lealtad a la cosmovisión bíblica.

Para edificar una cosmovisión bíblica en su vida, comience donde se encuentra. Algunos pueden pensar que la cosmovisión bíblica exige abandonar sus empleos «seculares», y dedicarse al «servicio misionero de tiempo completo.» Dando a entender la obra pastoral o el campo de misión. No obstante, «servicio cristiano a tiempo completo» es cualquier servicio —cualquier trabajo— hecho para la gloria de Dios y el bien de nuestro prójimo. La verdad es necesaria en todas partes y en todos los sectores de la sociedad. Cuando Jesús manda a sus seguidores que «hagan discípulos de todas las naciones» (Mat. 28:19), también quiere decir que deben llevar la cosmovisión bíblica a esa cultura. Comenzando con nuestros empleos y ubicaciones, podemos llevar la verdad al mercado y a la arena pública. Mientras tanto, podrán cambiar barrios, comunidades, instituciones sociales y, al final, las leyes y las estructuras. La cosmovisión bíblica tiene poder para transformar vidas y naciones enteras. Cristo nos llama a implantar esta cosmovisión magnífica en nuestros barrios, comunidades y naciones.

PREGUNTAS DE DESCUBRIMIENTO

Santifícalos en la verdad

Los siguientes versículos y preguntas pueden ayudarle a empezar a revestirse de la cosmovisión bíblica y vivir conforme a ella.

1. Lea 2 Corintios 10:3-5. ¿Qué figuras usa el apóstol Pablo en estos versículos? ¿Por qué cree usted que son importantes?

    _____

    _____

    _____

2. Con estas armas, ¿qué procuramos destruir? ¿Qué debemos llevar cautivo?

    _____

    _____

    _____

3. Lea 1 Pedro 1:13-16. ¿Qué debemos preparar según el apóstol Pablo?

    _____

    _____

    _____

4. En los versículos 15-16 Pedro nos reta a ser santos. Ser santos significa estar separado para los propósitos de Dios. ¿Cómo se relaciona la santidad con lo que hemos aprendido acerca del «revestirse» y «despojarse» en esta sesión?

    _____

    _____

    _____

5. Lea Juan 17:13-19. ¿Cómo define Jesús la palabra de Dios?

    _____

    _____

    _____

6. Lea los siguientes pasajes. ¿Cómo hemos de ver el mundo y nuestra relación con él?

    Juan 15:18-19

    _____

    _____

    Romanos 12:2

    _____

    _____

    Efesios 2:1-2

    _____

    _____

Colosenses 3:1-2

Santiago 1:27; 4:4

1 Juan 2:15-17

7. Lea los siguientes pasajes. ¿De qué otra manera hemos de ver el mundo y nuestra relación con él?

Juan 1:29; 3:16-17; 4:42; 8:12

Hechos 1:8

2 Corintios 5:18-20

Juan 17:15

Apocalipsis 11:15

8. Lea Hechos 26:19-20. *Arrepentirse* y *arrepentimiento*, en este pasaje, derivan de la palabra griega *metanoeo*, raíz de la palabra española metamorfosis o transformación. Arrepentirse significa literalmente cambiar de forma de pensar; «cambiar de mentalidad» o de «pensamiento». ¿Qué mentalidad debemos abandonar? ¿Qué mentalidad debemos adoptar?

    _____

    _____

    _____

    _____

9. Lea Hechos 17:10-12. ¿Por qué los de Berea tenían «carácter más noble que los tesalonicenses»? ¿Qué buscaban ellos? ¿Cómo lo buscaban?

    _____

    _____

    _____

10. ¿Cómo puede usted desarrollar un espíritu como los de Berea?

    _____

    _____

    _____

PUNTOS PARA RECORDAR

Un repaso final

El «despojarse» de falsas creencias y «revestirse» de la verdad contenida en la cosmovisión bíblica no ocurre automáticamente durante la conversión. Es un proceso de por vida que requiere un estudio disciplinado de la palabra de Dios.

Amar a Dios «con toda la mente» implica desvelar esos supuestos inconscientemente sostenidos y exponerlos a la luz de la Escritura. Al involucrarse en este proceso, la mente es transformada. Una mente transformada conduce de modo natural a una transformación de la conducta y, en última instancia, de la vida entera.

Dios nos ayuda en este proceso de tres maneras principales: primero, él lleva a cabo una transformación notable en nuestras vidas cuando aceptamos la fe en Cristo. Segundo, nos proporciona su Palabra poderosa e inspirada en la Escritura. Tercero, él envía a su Espíritu Santo para vivir en nosotros y guiarnos a la verdad.

Hemos de ser «sal y luz» llevando la cosmovisión bíblica a los barrios, comunidades y naciones. De este modo, las culturas serán transformadas y las naciones discipuladas.

PENSAMIENTOS FINALES

Coram Deo

Durante la Reforma en Europa, muchos cristianos usaban el lema *«coram Deo»* que significaba todo lo que hemos considerado en esta sesión. Se trata de una expresión latina que significa «ante el rostro de Dios». Para esos cristianos, toda la vida se vivía «ante el rostro de Dios.» La vida no estaba dividida en espiritual y secular. Aun las tareas más profanas estaban llenas de dinamismo y sentido porque los creyentes entendían y aplicaban la verdad de Dios a todas las áreas de la vida.

Tenemos que recuperar el mismo espíritu coram Deo en nuestra generación; contemplar toda la vida con los anteojos fundamentales, conforme a la prescripción divina y procurar recuperar una mente cristiana característica. Necesitamos adquirir y vivir una cosmovisión bíblica, y ello requiere mucha disciplina.

He aquí algunas ideas que le pueden ayudar a conseguirla:

◆ Lea la Biblia de Génesis a Apocalipsis para descubrir los temas principales y los principios básicos de la Escritura.

◆ Observe cuánto tiempo pasa leyendo y estudiando la Biblia, en comparación con la televisión, leer revistas o participar en actividades que alimentan los supuestos de su cosmovisión cultural.

◆ Desarrolle una perspectiva bíblica de su «vocación.» Lea la Biblia para ver lo que dice acerca del trabajo.

◆ Lea autores contemporáneos cuyo pensamiento esté basado en la cosmovisión bíblica.

◆ Lea literatura clásica compuesta, escrita en la época en que los cristianos escribían intencionalmente desde una perspectiva bíblica.

◆ Reúnase con otros cristianos que tengan una mentalidad similar. Anímense unos a otros a revestirse y a practicar la cosmovisión bíblica en todas las esferas de su vida.

Consagrémonos a asumir confiadamente la incomparable cosmovisión de la Escritura —el relato transformador de la venida del reino de Dios— en nuestra nación. Y como nos exhorta el apóstol Pedro: «dispónganse para actuar con inteligencia» (1 Ped. 1:13) para confrontar y desafiar los principios de las cosmovisiones falsas en todos los aspectos de la sociedad.

APLICACIÓN PERSONAL

Usted puede revestirse de una cosmovisión bíblica

Utilice las siguientes preguntas para considerar como aplicar la verdad bíblica a su vida, familia, vocación e iglesia.

1. Una de las primeras esferas de aplicación de la verdad bíblica es la familia. Considere o debata la concepción dominante de la familia en su sociedad. ¿Cómo define los siguientes puntos?

Los roles del marido y la mujer

_____

_____

Los roles y el valor de los niños y los adolescentes

_____

_____

Los roles y los valores de los padres

_____

_____

Actitudes frente a la sexualidad

_____

_____

2. Compare y contraste esta concepción dominante con la concepción bíblica en la Escritura. Si hay diferencias, ¿cuáles son? Cite pasajes y versículos que apoyen la perspectiva bíblica.

_____

_____

_____

_____

3. Considere sus actitudes y creencias acerca de la vida familiar. ¿Hay áreas en las que necesita «arrepentirse» o cambiar de mentalidad? Si es así, ¿cuáles son? Sea lo más concreto que pueda.

_____

_____

_____

_____

4. La verdad bíblica también se puede aplicar a través de la
    vocación y la ocupación. ¿Cuál de las tres citas cree que des-
    cribe mejor la idea del «trabajo» que tiene la mayoría de la
    gente en su sociedad?

> En todo lugar donde el hombre se halle, cualquier
> cosa que haga, a todo lo que pueda aplicar su mano,
> ya sea agricultura, comercio o industria, el arte y la
> ciencia, en todo ello está «ante el rostro de Dios.»
> Está empleado a su servicio y tiene que obedecerle
> estrictamente y, sobre todo, tiene que procurar la
> gloria de su Dios.
>
> *—Abraham Kuyper*[8]

> Para mí, «el trabajo» es como un enemigo.
> Todo trabajo se lo dejo a los bueyes,
> porque Dios lo hizo como un castigo.
> …Me gustaría bailar merengue. El merengue es
> mejor que el trabajo
> porque me causa un gran dolor tener que trabajar.
>
> *—canción folclórica dominicana*[9]

> Yo trabajo para poder consumir, para poder con-
> seguir cosas materiales y darme «la buena vida».
> Evalúo el éxito de mi carrera en términos de movi-
> lidad ascendente, prosperidad creciente y crecientes
> niveles de consumo.
>
> —de Lifework: Desarrollo de una
> teología bíblica de la vocación[10]

_____

_____

_____

_____

_____

5.   ¿Cuál es su perspectiva personal del trabajo? ¿Qué necesita
     hacer para alinear su perspectiva del trabajo con la de la
     cosmovisión bíblica? Sea específico.

     _____

     _____

     _____

     _____

6.   Otra esfera de aplicación de la cosmovisión bíblica es a tra-
     vés del ministerio de la iglesia local. ¿Cuál es la perspectiva
     dominante en su sociedad acerca de la iglesia?

     _____

     _____

     _____

     _____

7.   ¿Qué dice la perspectiva dominante de su tradición cristiana
     particular acerca de la función de la iglesia?

     _____

     _____

     _____

8.   A la luz de lo que ha aprendido acerca de la cosmovisión
     bíblica en este estudio, ¿ha cambiado su idea de la función
     de la iglesia? Si es así, ¿cómo? ¿Qué cree que Dios le ha lla-
     mado a hacer a través de su iglesia?

     _____

     _____

     _____

     _____

UNA RESPUESTA PRÁCTICA
Emprenda un nuevo comienzo

A menudo, una ceremonia sencilla con significado simbólico puede abrirnos una nueva senda espiritual. Según esto, al final de esta sesión puede celebrar una breve ceremonia que permita a los miembros del grupo comprometerse a vivir la cosmovisión bíblica en todas las esferas de su vida. Si usted ha hecho este estudio solo, puede adaptar la actividad como corresponda.

Los líderes pueden comenzar pidiendo a los miembros del grupo que dibujen o escriban en un pedazo de papel los elementos de la cosmovisión que antes tenían. Luego, en una hoja aparte, pídales que indiquen los elementos de la cosmovisión bíblica que quieran observar.

Una vez que los participantes hayan terminado los dos papeles siga los siguientes pasos.

1. Formen un círculo.
2. Pídales que levanten las listas o dibujos de las cosmovisiones que tenían antes. Ya sea en voz alta o en privado, pueden confesar a Dios las mentiras de las cosmovisiones falsas que creyeron en el pasado.
3. Una vez que las hayan confesado a Dios esas mentiras, pida a los miembros del grupo que rompan sus cosmovisiones del pasado y arrojen los trozos en una bolsa o papelera.
4. Pídales ahora que levanten las hojas con la cosmovisión bíblica. De nuevo, en voz alta o en privado, pueden entregar esta visión renovada a Dios. Anímeles a guardar esta lista como recordatorio y referencia.
5. Clausure la sesión con una oración de bendición del líder o miembro escogido del grupo. Esta persona puede también leer el Salmo 19:7-14 como bendición.

◈ *Notas*

Prefacio

1. John R. W. Stott, New Issues Facing Christians Today (Londres: Marshall Pickering, 1999), p. 35. *Los problemas que los cristianos enfrentamos hoy* (Editorial Vida, 2007).

Introducción

1. Thomas A. Bloomer, *A Biblical Worldview: The Wisdom and Foolishness of God and the Strengh and Weakness of God*, Diss.: Trinity International University, 1997, p. 7.

2. Charles Colson y Nancy Pearcey, *How Now Shall We Live?* (Wheaton, Ill.: Tyndale House Publishers, Inc. 1999), pp. 14-15. *Y ahora…¿Cómo viviremos?* (Editorial Unilit).

3. Ibid., p. 15.

4. Darrow L. Miller, *Discipling Nations: The Power of Truth to Transform Cultures* (Seattle: YWAM Publishing, 1998), p. 24. *Discipulando Naciones: El poder de la verdad para transformar culturas* (Seattle: Editorial JUCUM, tercera edición 2008).

5. Colson y Pearcey, *How Now Shall We Live?* p. 33. *Y ahora…¿Cómo viviremos?*

Sesión I

1. Josie Kornegay, miembro del plantel de las Naves de Esperanza de JUCUM; entrevistado por Darrow Miller, 1994.

2. Esta definición es similar a la presentada por James W. Sire en *The Universe Next Door* (Downers Grove, Ill.: InterVarsity Press, 1976), p. 17.

3. Samuel P. Huntington, *The Clash of Civilizations and the Remaking of World Order* (New York: Touchstone, 1996), p. 30. *Choque de civilizaciones* (Editorial Tecnos, 2002).

4. Charles Colson y Nancy Pearcey, *How Now Shall We Live?* (Wheaton, Ill.: Tyndale House Publishers, Inc. 1999), p. 13. *Y ahora…¿Cómo viviremos?*

5. James W. Sire, *How to Read Slowly* (Wheaton, Ill.: Harold Shaw, 1978), pp. 14-15.

6. Colson y Pearcey, *How Now Shall We Live?* p. 34. *Y ahora…¿Cómo vivieremos?*

Sesión 2

1. Marvin Olasky, *The Tragedy of American Compassion* (Wheaton, Ill.: Crossway Books, 1992), p. 126.

2. *New York Courier and Enquirer*, 16 de abril, 1847 (en adelante, *Courier*).

3. *Courier*, 5 de marzo, 1847.

4. *Courier*, 16 de abril, 1847.

5. Olasky, *Tragedy of American Compassion*, pp. 170-71.

6. James T. Patterson, *America's Struggle Against Poverty, 1900-1985* (Cambridge, Mass.: Havard University Press, 1986), p. 174.

Sesión 3

1. Carl Sagan, «Episode 1: The Shores of the Cosmic Ocean», *Cosmos*, VHS (Turner Home Entertainment, 1989). *Cosmos*.

2. Esta definición fue aportada por J. I. Packer en «Trinity: God Is One and Three» en su *Concise Theology: A Guide to Historic Christian Beliefs* (Wheaton Ill.: Tyndale House Publishers, Inc. 1993), a través del sistema de la Biblioteca Logos. *Teología concisa* (Editorial Unilit).

3. Nancy R. Pearcy y Charles B. Thaxton, *The Soul of Science: Christian Faith and Natural Philosophy* (Wheaton, Ill.: Crossway Books, 1994), p. 25.

4. J. I. Packer, *Knowing God* (Downers Grove, Ill.: InterVarsity Press, 1973), p. 13. *El conocimiento del Dios santo* (Editorial Vida, 2006)

5. Charles Colson and Nancy Pearcey, *How Now Shall We Live?* (Wheaton, Ill.: Tyndale House Publishers, Inc. 1999), p. 15. *Y ahora . . . ¿Cómo viviremos?*

6. Richard Lewontin citado por Phillip E. Johnson en *«The Unraveling of Scientific Materialism»*, *First Things*, 77 (Noviembre, 1997), pp. 22-25.

Sesión 4

1. Malcolm Muggeridge, *Something Beautiful for God: Mother Teresa of Calcutta* (New York: Ballantine Books, 1971), p. 15. *Madre Teresa de Calcuta* (Editorial Sigueme).

2. Mother Teresa, *Words to Love By* (Notre Dame, Ind.: Ave Maria Press, 1983), p. 80. *Palabras blancas* (Ediciones Obelisco, 1998).

3. Rodney Stark, *The Rise of Christianity: A Sociologist Reconsiders History* (Princeton, N.J.: Princeton University Press, 1996), pp. 214-15. *El auge del cristianismo* (Editorial Andres Bello, 2001).

4. «The Image of God», *Tabletalk* de ministerios Ligonier y R. C. Sproul, dic. 2001, p. 29.

5. Muggeridge, *Something Beautiful*, p. 16. *Madre Teresa de Calcuta.*

6. John R. W. Stott, *New Issues Facing Christians Today* (London: Marshall Pickering, 1999), p. 37. *Los problemas que los cristianos enfrentamos hoy.*

7. Horace Greeley, *Hints Towards Reforms* (New York: Harper and Bros., 1850), p. 86.

8. William Provine, *«Evolution: Free will and punishment and meaning in life»* (lección: Universidad de Tennessee, Knoxville, 12 de febrero, 1998). Extracto de la lección a través de la página web: *http://eeb .bio.utk.edu/darwin/DarwinDayProvineAddress.htm*

9. Stott, *New Issues Facing Christians Today. Los problemas que los cristianos enfrentamos hoy.*

10. Neale Donald Walsch, «Considering Religion», 24 de junio, 2002 (mensaje archivado en la web Conversations with God, *http:// www.cwg.org/en/10/10-10-20-10-archives/10-10-20-10-01.html*).

Sesión 5

1. Gran parte de la información acerca de George Washington Carver fue proporcionada por el Departamento de Colecciones Especiales de la biblioteca electrónica de la Universidad del Estado de Iowa. *www.lib.iastate.edu/spcl/gwc.home.html*

2. John S. Ferrell, *Fruits of Creation: A Look at Global Sustainability as Seen Through the Eyes of George Washington Carver* (Shakopee, Minn.: Macalester Park Publishing Company, 1995), p. 62.

3. Ibid.

4. Ibid., p. 50.

5. Michael Novak, *The Spirit of Democratic Capitalism* (New York: Simon & Schuster Publishers, 1982), p. 103.

6. J. I. Packer, «Creation: God Is the Creator», *Concise Theology: A Guide to Historic Christian Beliefs* (Wheaton, Ill.: Tyndale House Publishers, Inc. 1993), a través del sistema de la Biblioteca Logos. *Teología concisa*

7. Osiyo Tsaligi Oginalii, «Healing Mother Earth», *http://members. tripod.com/~Labyrinth_3/page15.html.*

8. David M. Graber, «Mother Nature as a Hothouse Flower», (revista The End of Nature por Bill McKibben) *Los Angeles Times*, Los Angeles, Calif.: 22 de oct, 1989, p. 1, ProQuest document ID: 66580324.

9. Carl Sagan, «Episode 1: The Shores of the Cosmic Ocean», *Cosmos*, VHS (Turner Home Entertainment, 1989). *Cosmos.*

Sesión 6

1. Thomas Cahill, *The Gift of the Jews* (New York: Nan A. Talese, 1998), p. 63. *El legado de los judíos* (Editorial Debate, 2000)

2. Ibid., p. 64.

3. James W. Sire, *The Universe Next Door* (Downers Grove, Ill.: InterVarsity Press, 1976), p. 40.

4. Carl Sagan, «Episode 1: The Shores of the Cosmic Ocean» *Cosmos*, VHS (Turner Home Entertainment, 1989). *Cosmos*

5. C. S. Lewis, *Christian Reflections* (Grand Rapids: W. B. Eerdmans Pub. Co., 1967), p. 105.

6. *The Columbia World of Quotations*, New York: Columbia University Press, 1996. www.bartleby.com/66/. [13 de Julio, 2005].

7. Black Elk y John Gncisenau Neihart, *Black Elk Speaks* (Lincoln University of Nebraska Press, 1961), pp. 198-199.

Sesión 7

1. George Barna y Mark Hatch, *Boiling Point: Monitoring Cultural Shifts in the Twenty-First Century* (Ventura, Calif.: Regal Books, 2001) pp. 189, 192.

2. Basado en cifras y estimaciones aportadas por el Alan Guttmacher Institute, *www.agi-usa.org*.

3. Barna Research Group Online, *www.barna.org* ©1995-2002 Barna Research Ltd.

4. Barna y Hatch, *Boiling Point*, p. 80.

5. E. Stanley Jones, *The Unshakable Kingdom and the Unchanging Person* (Nashville, Tenn.: Abingdon Press, 1972), p. 174

6. Gailyn Van Rheenen, *Communicating Christ in Animistic Contexts* (Pasadena, Calif.: William Carey Library, 1991), p. 101.

Sesión 8

1. Os Guiness, *Life The Call: Finding and Fulfilling the Central Purpose of Your* (Nashville, Tenn.: Word Publishing, 1998), p. 28.

2. Ibid.

3. Ibid., p. 29

4. Ibid., p. 27

5. Ibid.

6. Spartacus Educational, *http://www.spartacus.schoolnet.co.uk/REwilberforce.htm*.

7. John R. W. Stott, *New Issues Facing Christians Today* (London: Marshall Pickering, 1999), p. 37. *Los problemas que los cristianos enfrentamos hoy*.

8. Abraham Kuyper, *The Crown of Christian Heritage*, originalmente publicado como *Lecciones de calvinismo* (Grand Rapids, Mich.: Wm. B. Eerdmans Publishing Company, 1931), p. 54.

9. Disciple Nations Alliance Online Course, *http://www.disciple-nations.org/course/applife/course.php?a=3-2*

10. Ibid.

Guía del líder

Sugerimos las siguientes directrices para los responsables que lideren los grupos de este estudio bíblico. Por supuesto, será necesario adaptar los estudios y las sugerencias que hemos hecho a la realidad de su grupo y de su cultura particular.

Cómo prepararse para dirigir un grupo

◆ Sugerimos reuniones de una hora por sesión. Esto permitirá dedicar:

  ❖ 20 minutos a repasar las secciones de Versículos claves e Intuiciones bíblicas.

  ❖ 20 minutos a comentar las secciones de Preguntas de descubrimiento y de Aplicación personal.

  ❖ 10 minutos a orar unos por otros.

  ❖ 10 minutos a la oración y la adoración.

◆ Para procurar que todos contribuyan a la conversación, es mejor limitar el grupo a seis u ocho participantes (no más de doce). Si la asistencia aumenta, sería conveniente dividir el grupo para el tiempo de coloquio y volver a reunirse para concluir en oración.

◆ Si los participantes cuentan con sus propios libros, pídales que completen la sesión individualmente en sus casas antes de asistir a la próxima reunión.

◆ Para dirigir eficientemente el grupo, complete usted mismo el material de cada sesión, antes de la reunión. Asegúrese de que comprende los puntos principales de cada sesión. Reflexione cómo se aplican a su propia vida. Luego, al dirigir el grupo, podrá prestar una mejor contribución al coloquio clarificando lo que sea preciso y ofreciendo sugerencias cuando la conversación se prolongue.

◆ Para cada sesión, antes de la reunión, lea las ideas sugeridas como Respuestas prácticas al final de cada lección. Si piensa poner en práctica una o más actividades en grupo, lleve las cosas necesarias a la reunión.

◆ Preséntese con tiempo a las reuniones para preparar la sala (sillas, refrescos, ayudas a la enseñanza, etc.) y salude a los participantes a su llegada.

◆ Tómese tiempo en la primera reunión para presentar a los participantes. Si lo desea, puede empezar con alguna actividad para que los miembros se conozcan un poco mejor. Comience el estudio presentando las ideas principales de la introducción y leyendo los objetivos generales de las sesiones (enumeradas en las Notas de estudio que siguen a esta Guía para líderes).

◆ Haga el rol de moderador, no de maestro. He aquí algunas sugerencias:

  ❖ Anime al grupo a participar. Es mejor sentarse en círculo que en filas.

  ❖ Llame a los participantes por su nombre.

  ❖ Pida a distintas personas que oren y lean.

  ❖ Haga preguntas y espere respuestas. No dé su respuesta inmediatamente.

  ❖ Agradezca a los participantes sus ideas y pida la opinión de otros.

  ❖ Escoja a los que tienden a ser remisos.

  ❖ Recupere el hilo de la conversación de los participantes que tienden a dominarla y a desviarse del tema.

  ❖ Pida una explicación a los participantes que se limitan a responder «sí» o «no».

  ❖ Dosifique el estudio a un ritmo que permita la máxima comprensión de los participantes. Repase todo lo que haga falta.

  ❖ Tenga en mente el objetivo de la sesión y no se desvíe de él. Los objetivos, así como algunas posibles respuestas a las preguntas, se facilitan en las Notas de estudio.

Otras sugerencias para dirigir las sesiones

◆ Pida a un miembro del grupo que comience y termine la reunión en oración.

◆ Comience la reunión repasando los *Puntos para Recordar* de la sesión anterior. Tómese tiempo para comprobar que los participantes han puesto en práctica la enseñanza de la sesión anterior.

◆ Si lo desea, puede asignar los *Versículos claves* como ejercicio de memorización. En ese caso, tome algo de tiempo al comienzo de cada reunión para que los participantes reciten los versículos que correspondan a esa sesión. Esto se puede hacer fácilmente en parejas para ahorrar tiempo.

◆ Vuelva a la sección de *Palabras claves* cuando sea necesario, durante el coloquio.

◆ Lea los *Versículos claves* y responda a las preguntas planteadas al grupo. (Compruebe posibles respuestas en las *Notas de estudio.*)

◆ Si los participantes tienen libro, túrnense para la lectura de la sección *Intuiciones Bíblicas*. Si usted es el único con libro, comparta los puntos principales o lea esta sección al grupo. La sección *Puntos para recordar* ayudará a presentar las ideas principales.

◆ Respondan en grupo a las *Preguntas de descubrimiento*. (Consulten posibles respuestas en las Notas de estudio.)

◆ Respondan en grupo a las preguntas de *Aplicación personal*. Si lo desea, y los participantes cuentan con sus propios libros, pueden dividirse en grupos más pequeños (de dos o tres personas), y pedir a cada subgrupo que lean y respondan las preguntas de *Aplicación personal*.

◆ Si le parece conveniente, lleven a cabo una actividad de *Respuesta práctica*. Se facilitan estas ideas optativas para ayudar a los miembros del grupo a aplicar los puntos principales de la sesión a sus propias vidas.

◆ En las *Notas de estudio* que siguen a esta Guía hallará los objetivos, posibles respuestas a las preguntas relacionadas con los *Versículos claves* y respuestas posibles a las *Preguntas de descubrimiento* de cada sesión.

〜 *Notas de estudio*

Tanto si dirige como si participa en un grupo peque-
ño, o estudia solo, le puede resultar útil consultar los objetivos y
las respuestas sugeridas para los Versículos claves y las Preguntas
de descubrimiento de cada sesión. No todas las preguntas esperan una respuesta del tipo «correcto» o «incorrecto», pero estas
sugerencias le ayudarán a estimular su pensamiento.

Sesión 1: ¿Qué es una cosmovisión?

Objetivo: Definir el concepto de *cosmovisión* y examinar su
aplicación a los discípulos de Cristo

Posibles respuestas a las preguntas de los Versículos claves

1. Ama al Señor tu Dios con todo tu corazón, con todo tu ser
   y con toda tu mente.

2. En la Biblia el «corazón» designa la voluntad, que es el núcleo
   más interior —el centro del yo—. Amar a Dios con todo el
   corazón es, por tanto, someter por completo nuestra voluntad
   a la suya; decir con Jesús: «No se cumpla mi voluntad, sino la
   tuya» (Lucas 22:42).

3. La «mente» es el centro de la racionalidad y comprende la vida
   del pensamiento. Amar a Dios con toda la mente exige «llevar
   cautivo todo pensamiento para que se someta a Cristo» (2 Cor.
   10:5).

4. Dios nos ha creado con corazón y mente. La total devoción
   a Dios exige que cada parte de nuestro ser esté sometida a su
   señorío. Si fracasamos en el intento de amar a Dios con todo

el corazón, nuestra relación con él puede ser poco más que un «conocimiento mental» y tendrá escaso efecto en las decisiones, emociones y voluntad. Si no acertamos a amar a Dios con toda la mente, nuestra relación con él podrá ser sentida y sincera pero no basada en la verdad.

Posibles respuestas a las Preguntas de descubrimiento

1. Jesús y sus discípulos avanzan por el zigzagueante camino de montaña que une Jericó con Jerusalén. Es el último viaje que hace Jesús a Jerusalén y está preparando a sus discípulos para su inminente rechazo y crucifixión.

2. Santiago y Juan pidieron al Señor Jesús que les concediera un deseo, y después, que les concediera puestos de honor diciéndole: «Concédenos que en tu glorioso reino uno de nosotros se siente a tu derecha y el otro a tu izquierda».

3. Jesús les respondió que no le correspondía a él conceder tal cosa, sino que pertenecía a aquellos para los que estaba preparado.

4. Los demás apóstoles se llenaron de ira y de envidia. Se «indignaron».

5. Según las normas del mundo, los grandes de este mundo, como los gobernantes y los altos oficiales oprimen a sus súbditos y «abusan de su autoridad».

6. Según la norma de grandeza de Cristo, «el que quiera ser grande deberá hacerse siervo de todos».

7. Él no vino para ser servido.

8. Él vino para «servir y para dar su vida en rescate por muchos».

9. Véase la siguiente tabla.

	La perspectiva de los discípulos	*La perspectiva de Jesús (realidad)*
¿Quién es Cristo?	Un dirigente político que expulsaría a los romanos y restablecería la soberanía judía	El Hijo de Dios enviado al mundo para morir en una cruz para expiar los pecados del mundo
¿Qué es el reino?	El reino es terrenal y político	El reino de Dios es eterno establecido sobre toda la creación
¿Cómo serán las vidas futuras de los discípulos?	Gobernarán con Jesús y ocuparan puestos de poder y autoridad política.	Sufrirán persecución y morirán por causa del evangelio
¿Cómo debemos vivir?	Debemos procurar puestos de poder y autoridad y «dominar» sobre los demás.	Debemos procurar servir a otros abnegadamente y entregar nuestras vidas por amor al evangelio.

10. La falsa perspectiva de los discípulos se vino abajo (1) cuando Jesús fue crucificado y (2) cuando resucitó de los muertos, se apareció a ellos y les dio la Gran Comisión (Mat. 28:18-20).

Sesión 2: Cosmovisiones que operan en el mundo

Objetivo: Repasar las cosmovisiones dominantes que hay en el mundo y cómo operan para conformar las culturas.

Posibles respuestas a las preguntas de los Versículos claves.

1. Proverbios 2:6 afirma: «el Señor da la sabiduría…conocimiento y ciencia». Proverbios 3:13 asegura: «Dichoso el que halla la sabiduría».

2. Debemos amar la sabiduría y procurarla.

3.   Vana y engañosa.

4.   «La tradición humana y los principios de este mundo».

5.   Los bloques fundacionales del edificio que forma una cultura se basan en las mentiras satánicas antes que en la verdad.

Posibles respuestas a las Preguntas de descubrimiento.

1.   La «palabra de Dios es verdad». Dios «habla la verdad» y «declara lo que es justo». Toda la verdad se origina en él.

2.   Aferrándonos a la enseñanza de Jesús y aprendiendo de él.

3.   De los «principios básicos de este mundo»

4.   «La verdad nos ha llegado por medio de Jesucristo». Jesús dijo: «Yo soy…la verdad». Dijo: «Para esto vine al mundo: para dar testimonio de la verdad. Todo el que está de parte de la verdad escucha mi voz». Podemos conocer la verdad escuchando a Jesús y creyendo el testimonio de su vida, muerte y resurrección.

5.   El Espíritu Santo es el «Espíritu de la verdad» que «les guía a toda la verdad».

6.   La Escritura revela que la verdad es objetivamente real. Dios la revela a través de su Palabra, de Cristo y del Espíritu Santo. Puede ser buscada, descubierta y entendida.

7.   La gente puede llegar a conocer la verdad observando la creación (Rom. 1:18-20), oyendo a sus conciencias (Rom. 2:15), a través de la vida y las enseñanzas de Jesús (Juan 1:1-3; 14), y a través de la Biblia (2 Tim. 3:16).

8.   La Biblia nos insta a escoger la verdad, a poner nuestro corazón en ella, comprarla y no venderla, buscarla y amarla.

9.   Investigando las Escrituras.

10. Escriba estos principios con sus propias palabras.

Sesión 3: La verdad acerca de la realidad última

Objetivo: Comprender algunas creencias fundamentales de la cosmovisión cristiana (la cosmovisión del reino de Dios) y el impacto que estas creencias pueden ejercer en nuestras vidas cotidianas.

Posibles respuestas a los Versículos claves

1. Dios.

2. Él creó los cielos y la tierra, revelando así que es un ser creativo.

3. Dios originó el universo. Él «es anterior a todas las cosas, que por medio de él forman un todo coherente» (Col. 1:17). Todo lo que existe debe su existencia a Dios y depende de él.

Posibles respuestas a las Preguntas de descubrimiento

1. Dios el Padre y Dios el Hijo existían antes de la creación del mundo, como también el Espíritu (Gen. 1:2). En Juan 17:24, vemos también que la personalidad, la relación y el amor existían antes de la creación del universo.

2. Dios está lleno de amor. Él desea amarnos y darse a conocer a nosotros.

3. Su amor por nosotros es grande. Es un amor abnegado, generoso, orientado hacia el otro.

4. «Dios demuestra su amor por nosotros en esto: en que cuando todavía éramos pecadores, Cristo murió por nosotros» (Rom. 5:8).

5. «Jesucristo entregó su vida por nosotros. Así también debemos entregar la vida por nuestros hermanos. Si alguien que posee bienes materiales ve que su hermano está pasando necesidad y no tiene compasión de él, ¿cómo se puede decir que el amor de Dios habita en él? Queridos hijos, no amemos de palabra ni de labios para afuera, sino con hechos y de verdad» (1 Juan 3:16-18).

6. Si Dios fuese misericordioso pero no justo, no habría funda-
    mento para la justicia ni castigo de la maldad. Si Dios fuera
    justo pero no misericordioso, no habría base para la misericor-
    dia y el perdón. Puesto que Dios es justo y misericordioso, hay
    un equilibrio sensible entre la misericordia y el perdón, por un
    lado, y la justicia y el castigo, por otro. Necesitamos ambas en
    un mundo caído.

7. Dios es perfecto, fiel, justo, recto y santo. Él se levanta contra
    toda injusticia y perversidad.

8. La maldad, la impiedad y la supresión de la verdad.

9. Dios creó los cielos y la tierra «con sabiduría» y «con inte-
    ligencia». Él los creó conforme a su propósito y diseño. Este
    diseño revela la existencia, el poder y la divinidad de Dios.

10. La diversidad está asegurada porque Dios creó al varón y la
    mujer, cada uno con diversos dones y capacidades. La unidad
    está asegurada porque a través del matrimonio, los dos están
    unidos y pasan a ser «una sola carne».

11. La diversidad está asegurada porque hay distintas clases de
    «dones», «servicio» y «operación». La unidad está asegurada
    porque hay un Espíritu y un Dios que los proporciona.

12. La unidad y la diversidad pueden estar aseguradas en la rela-
    ción que se establece entre naciones y culturas. Cada cultura
    tiene rasgos únicos que incluyen la lengua, las costumbres y
    los valores. No obstante, todas comparten un núcleo común
    porque Dios ha creado a los hombres y mujeres de todas las
    naciones a su imagen (Gén. 1:27).

Sesión 4: Una perspectiva bíblica de la humanidad

Objetivo: Entender algunas creencias fundamentales de la perspectiva bíblica de la humanidad y la influencia que estas pueden
ejercer en nuestras vidas cotidianas.

Posibles respuestas a las preguntas de los Versículos claves

1. La humanidad se diferencia del resto de la creación porque ha sido creada a imagen de Dios. La humanidad se asemeja al resto de la creación porque también ha sido creada por Dios.

2. Dios es espíritu (Juan 4:24) y no mora en un cuerpo, de modo que el reflejo de su imagen no alude a similitudes físicas. Antes bien, nos asemejamos a las cualidades y capacidades no físicas de Dios, por ejemplo, que él es un ser moral, que se relaciona, y es capaz de amar, pensar, reflexionar, crear y elegir. Dado que Dios nos creó a su imagen, toda vida humana está dotada de un valor y dignidad inherentes. Es decir, la vida humana es sagrada.

3. Según este pasaje, uno de los propósitos de Dios al crear a la humanidad fue el de «tener dominio…sobre toda la tierra» bajo su autoridad suprema.

4. El hombre y la mujer tienen igual valor y dignidad a los ojos de Dios.

Posibles respuestas a las Preguntas de descubrimiento

1. «Lo hiciste [al hombre] poco menos que un dios, y lo coronaste de gloria y de honra; lo entronizaste sobre la obra de tus manos ¡todo lo sometiste a su dominio!» (Sal. 8). Según el Salmo 139, la humanidad es una creación «admirable y maravillosa» de Dios, quien «formó mis entrañas en el vientre de mi madre». Del mismo modo «Todos mis días se estaban diseñando, aunque no existía uno solo de ellos».

2. Tanto valora Dios la vida humana que «dio a su Hijo unigénito» (Juan 3:16) para morir por nosotros y así poder disfrutar una vida eterna con él. Él estima a cada persona y desea que todos vengan al arrepentimiento» (2 Ped. 3:9).

3. La humanidad fue creada «a semejanza de Dios mismo...
    hombre y mujer». Este es el común denominador que une a
    todas las personas: que compartimos «la semejanza de Dios».

4. Los pueblos de todas las naciones descienden de los mis-
    mos antepasados, Adán y Eva. Corre la misma sangre por
    nuestras venas. Esto establece cierta igualdad entre pueblos
    y naciones. Dios desea que las gentes de todas las naciones
    «lo busquen aunque sea a tientas y lo encuentren».

5. Dios puso a Adán y Eva en el jardín del Edén para que «lo
    cultivaran y lo cuidaran». El trabajo es una bendición de
    Dios. Él nos hizo seres creativos, trabajadores. Sin embargo,
    la caída afectó al trabajo, haciéndolo «penoso» (Gén. 3:17).
    Pero el trabajo no es una maldición. Es una bendición de
    Dios. A través del trabajo descubrimos, en parte, propósito y
    sentido en la vida.

6. Las hormigas son criaturas diligentes y muy trabajadoras.
    Debemos aplicar las mismas virtudes a nuestro trabajo.
    Como las hormigas, podemos guardar para el futuro. Si las
    imitamos, no nos será fácil caer en la pobreza. «Todo esfuerzo
    tiene su recompensa, pero quedarse sólo en palabras lleva a
    la pobreza».

7. Responda a estas preguntas con base en su propia experiencia.

8. La maldad de la humanidad es «grande» (Gén. 6:5). Rom.
    1:28-32 nos anuncia que el hombre caído tiene «una mente
    depravada y hace lo que no debería». «Se han llenado de
    toda clase de maldad, perversidad, avaricia y depravación.
    Están llenos de envidia, homicidios, disensiones, engaño y
    malicia. Son chismosos, calumniadores, enemigos de Dios,
    insolentes, soberbios y arrogantes; inventores de maldades;
    se rebelan contra sus padres; son insensatos, desleales, insen-
    sibles, despiadados».

9. Excita su ira (Rom. 1:18).

10. Ninguno es justo. «Pues todos han pecado y están privados de la gloria de Dios» (Rom. 3:23). La justicia humana es como «trapos de inmundicia» a los ojos de Dios (Isa. 64:6).

11. Hay esperanza de redención mediante la fe en Cristo Jesús. Dios lo ofreció como un sacrificio de expiación» y nuestros pecados son perdonados «por la fe en su sangre» (Rom. 3:25).

Sesión 5: La gloria de la creación

Objetivo: Entender algunas creencias fundamentales de la perspectiva cristiana y la influencia que estas creencias pueden ejercer en nuestra vida cotidiana.

Posibles respuestas a las preguntas de los Versículos claves

1. Dios bendijo a Adán y Eva con una relación con él, entre los dos, y con su creación. Les puso en un jardín hermoso. Ellos podían disfrutar de su hermosura y su abundancia. Les bendijo otorgándoles dominio sobre la creación. Podían disfrutar de un trabajo pleno de sentido descubriendo los secretos escondidos de la creación, cuidando de ella y participando en la expansión de la creación de Dios mientras llenaba la tierra.

2. Les mandó (1) ser «fructíferos y multiplicarse», (2) «llenar la tierra y someterla» y (3) «dominar...a todos los seres vivientes».

3. Les dio: «todas las plantas que producen semilla...y todos los árboles que dan fruto». Dios les concedió todos ellos para alimentarse.

4. Dios consideró que todo lo que había hecho «era muy bueno». No se trata de un valor relativo, sino eterno asignado por Dios. La creación refleja la sabiduría y la bondad de Dios. No hay nada en la creación que no sea bueno. Dios creo todas

las cosas y desea que todo sea redimido de las consecuencias de la caída (Col. 1:16, 19-20).

Posibles respuestas a las Preguntas de descubrimiento

1. A través de su Palabra hablada.

2. Tanto para Dios como para los humanos, el acto creador comienza en la mente/espíritu. Al igual que Dios, nosotros imaginamos las cosas antes de darles una existencia tangible. A diferencia de Dios, nosotros no somos capaces de crear a partir de la palabra hablada. No podemos crear *ex nihilo* (de la nada) como puede hacerlo Dios. Más bien, nosotros tomamos materiales existentes e innovamos.

3. Lo visible o lo tangible procede de lo invisible. Esto es cierto para Dios y para los hombres. El acto de crear comienza con lo invisible, es decir, con la mente/espíritu.

4. Las leyes naturales que gobiernan el universo físico, la electricidad, la tabla periódica de elementos, la uniformidad y regularidad del movimiento de los planetas y estrellas, etc.

5. Responda con sus propias palabras.

6. Génesis 1:28 indica que Dios quiso que el jardín fuera un punto de partida, no un punto final. Dios creó a Adán y Eva con la capacidad de reproducirse y los bendijo con estas palabras: «Sean fructíferos y multiplíquense; llenen la tierra» (Gén. 1:28). Dios también creó el mundo natural con la misma capacidad reproductora. En cuanto a las plantas, ordenó: «Que haya vegetación sobre la tierra; que ésta produzca hierbas que den semilla, y árboles que den su fruto con semilla, todos según su especie» (Gén 1:11). Del mismo modo, después de crear las criaturas del mar y las aves, Dios los bendijo: «Sean fructíferos y multiplíquense; llenen las aguas de los mares; que las aves se multipliquen sobre la tierra» (Gén. 1:22). Los mismos mandatos

de reproducirse y llenar la tierra se repiten después del Diluvio (Gén. 9:1).

7. Él desea que el mundo esté lleno de criaturas vivientes y de personas.

8. Dios desea que toda la tierra esté llena del «conocimiento de la gloria del SEÑOR» (Hab. 2:14), que es revelada, en parte, a través de su creación. La creación revela la gloria, la sabiduría, el poder y la majestad del Creador y nos muestra las cualidades invisibles y eternas de Dios.

9. El Salmo 8 declara: «Lo entronizaste [al hombre] sobre la obra de tus manos; ¡todo lo sometiste a su dominio!» El hombre ejerce dominio sobre la creación bajo la autoridad suprema de Dios. La creación pertenece a Dios, no a las gentes. Es la «obra de sus manos». El hombre tiene autoridad delegada sobre la creación y es responsable ante Dios por el ejercicio de su autoridad.

10. Por lo que respecta a Dios, revela un corazón de siervo. Dios podía haber puesto nombres a los animales y haber dicho a Adán: «Llámelos como yo le diga». Pero no lo hizo así; concedió a Adán el privilegio de ponerle nombre a los animales. Por lo que respecta a Adán, revela que es portador de la imagen de Dios. Puesto que Dios es creativo, Adán también lo es. Adán se destaca en medio del orden creado por ser capaz de hacer uso de la lengua y de nombrar. Dios concedió a Adán el privilegio de colaborar con él en la obra de la creación.

11. Dios puso a Adán y Eva en el jardín para «cultivarlo y cuidarlo» (Gén. 2:15).

12. Nuestro dominio o autoridad sobre la naturaleza debe estar marcada por la mayordomía bíblica. Hemos de dedicar un cuidado sensible a la creación.

13. Dios ordenó que cada siete años dejaran descansar la tierra: «Pero el séptimo año no cultivarás la tierra. Déjala descansar,

para que la gente pobre del pueblo obtenga su alimento, y para que los animales del campo se coman lo que la gente deje» Éxo. 23:11).

Sesión 6: El sentido de la historia

Objetivo: Entender algunas creencias fundamentales de la perspectiva cristiana y la influencia que éstas pueden ejercer en nuestra vida cotidiana.

Posibles respuestas a los Versículos claves

1. La «novia» es la iglesia y el «esposo» es Cristo.

2. A diferencia de la Jerusalén actual, en la nueva Jerusalén Dios «morará» o «vivirá» con su pueblo. La iglesia experimentará una intimidad con Dios que no es posible lograr en el «viejo orden», en el que existe el pecado y la muerte. En el nuevo orden no habrá tristeza. Dios enjugará las lágrimas de sus ojos, y la muerte, el gemido, el dolor y el llanto se desvanecerán.

3. Dios es Señor sobre el principio y el final de la historia. Él dirige la historia de la humanidad según sus propósitos.

Posibles respuestas a las Preguntas de descubrimiento

1. Dios prometió a Abraham que haría de él una gran nación, y le bendeciría, y haría su nombre famoso. Dios prometió bendecir «a todas las familias de la tierra» a través de sus descendientes.

2. En este pasaje, las gentes de «todas las naciones, tribus, pueblos y lenguas alababan al Cristo ante su trono. Ellos son benditos porque sus pecados fueron lavados por «la sangre del cordero». Ya no sufrirán hambre ni sed, y «Dios enjugará toda lágrima de sus ojos».

3. Revelan que Dios tiene un plan que está desplegando para la redención y restauración de la creación —un plan con un comienzo y un final definidos, que ciertamente tendrá su culminación.

4. No. Como a Abraham, Dios puede darnos una visión de la parte que hemos de desempeñar en su gran plan. Nosotros hemos de cumplir fielmente la parte que nos corresponde, sin esperar ver el resultado o el fruto de nuestra labor en nuestros días.

5. La recompensa es la estima de Dios. Él «no se avergonzó de ser llamado su Dios». Además, Dios está preparando un hogar celestial para ellos, un lugar de descanso, paz y satisfacción inconcebibles.

6. Como cristianos, debemos tener una perspectiva lineal del tiempo —con un pasado, presente y futuro reales—. Debemos entender el tiempo como el marco en el que Dios despliega activamente los sucesos de nuestra vida y de la historia para llevar a cabo su plan perfecto. Esto significa que todas las cosas tienen sentido y propósito. También significa que hay esperanza real de un futuro mejor, de modo que no hay razón para desanimarse o descorazonarse. El móvil de Pablo y el del autor de Hebreos era la visión de la meta o premio futuro. Este galardón es la perfección y glorificación del creyente —la recompensa y la plena culminación de la perfecta intención de Dios para nuestras vidas—. Estos versículos usan el lenguaje figurado de un evento atlético en el que los corredores se esmeran con todas sus fuerzas para alcanzar la victoria. Los atletas están rodeados de una gran multitud de espectadores (una «gran nube de testigos») que ya han completado la carrera y están vitoreándoles. Los corredores son espoleados por la memoria de un gran campeón — Jesucristo— quien corrió antes que ellos y ha hecho posible que ellos compitan gracias a su sacrificio.

7. La certidumbre del retorno de Cristo debe inundarnos de un asombro reverente: un día nosotros mismos veremos a nuestro Redentor. También debe llenarnos de un temor santo, porque sabemos que cuando Cristo regrese juzgará a todas las personas según el merecimiento de sus obras. El cierto retorno de Cristo debe convertirnos en gente esperanzada, confiada de que Dios cumplirá sus promesas. Y como no sabemos exactamente cuando volverá, debemos vivir vidas santas y piadosas en el presente. Nuestros actos deben ser puros e intachables. Hemos de esforzarnos por vivir en paz con Dios.

8. El maestro es Jesús. Los siervos son sus discípulos.

9. Las minas o talentos representan las capacidades y dones espirituales que Jesús ha concedido a sus discípulos. Él desea que ellos produzcan hasta su regreso. Cuando Jesús regrese, preguntará a sus discípulos lo que han producido mediante el uso de sus talentos, capacidades y dones.

10. Él quiere que reconozcamos nuestras capacidades y talentos como regalos suyos y que los usemos al servicio de su reino hasta que él regrese. Quiere que seamos activos, creativos y diligentes en el uso de los dones que él nos ha concedido.

11. «Van a venir siete años de mucha abundancia en todo Egipto, a los que les seguirán siete años de hambre, que harán olvidar toda la abundancia que antes hubo» (Gén. 41:29-30). Dios ha «resuelto firmemente» hacer esto.

12. Él animó al faraón a reservar la quinta parte de la cosecha de Egipto durante los siete años de abundancia y almacenarla para ser usada durante los siete años de hambre.

13. Dios usó a José para salvar a gentes de muchos países del hambre «porque el hambre cundía ya por todo el mundo» (Gén: 41:57). Dios prometió bendecir a las naciones del mundo a través de los descendientes de Abraham, lo cual vemos cumplirse en este episodio. Aunque Dios es soberano

sobre los acontecimientos de la historia, no debemos adoptar un estilo de vida pasivo o fatalista, sino procurar en oración entender los planes de Dios para bendecir a las naciones y participar en ellos como hizo José.

14. Una persona. El reino de Dios avanza mediante los esfuerzos leales de las personas. Las vidas individuales cuentan en el plan de Dios para la historia.

Sesión 7: Los abecés de la cultura

Objetivo: Entender que Satanás es el padre de la mentira y que sus mentiras no sólo afectan a los individuos sino también a comunidades y culturas enteras; identificar y comenzar a deshacerse de las mentiras culturales de Satanás.

Posibles respuestas a las preguntas de los Versículos claves

1. Jesús dice de Satanás que «desde el principio éste ha sido un asesino, y no se mantiene en la verdad, porque no hay verdad en él. Cuando miente, expresa su propia naturaleza, porque es un mentiroso. ¡Es el padre de la mentira!»

2. El engaño.

3. Las mentiras.

4. Se «esclavizan».

5. Jesús dice de sí mismo que es «la verdad».

Posibles respuestas a las Preguntas de descubrimiento

1. Porque «con su maldad obstruyen la verdad»

2. La palabra *detener* u *obstruir* significa retener algo a la fuerza. Implica que la verdad no está escondida ni es secreta. La gente puede conocer la verdad fácilmente. No obstante, en vez de conocer la verdad, la humanidad caída la obstaculiza.

3.   «Las cualidades invisibles de Dios —su eterno poder y su naturaleza divina— se perciben claramente a través de lo que él creó» (Rom. 1:20).

4.   «No lo glorificaron como a Dios ni le dieron gracias» (Rom. 1:21). En consecuencia, «se extraviaron en sus inútiles razonamientos, y se les oscureció su insensato corazón…se volvieron necios» (Rom. 1:21-22).

5.   «Estimaron que no valía la pena tomar en cuenta el conocimiento de Dios» (Rom. 1:28). Por lo cual, «se han llenado de toda clase de maldad, perversidad, avaricia y depravación. Están llenos de envidia, homicidios, disensiones, engaño y malicia. Son chismosos, calumniadores, enemigos de Dios, insolentes, soberbios y arrogantes; inventores de maldades; se rebelan contra sus padres; son insensatos, desleales, insensibles, despiadados» (Rom. 1:29-30).

6.   Dé su propia opinión.

7.   Nuestra lucha no es «contra seres humanos, sino contra poderes, contra autoridades, contra potestades que dominan este mundo de tinieblas, contra fuerzas espirituales malignas en las regiones celestiales» (Efe. 6:12).

8.   Responda con sus propias palabras.

9.   En estos pasajes se califica a Satanás de «el diablo», el «gran dragón», la «serpiente antigua» y el «dios de este mundo» Él miente, arrastra al mundo a la perdición y engaña a las naciones.

10. Satanás ha cegado a los incrédulos para que no vean la verdad del evangelio.

11. Un pasado de esclavitud y atadura.

12. Envió a su Hijo para redimirnos.

13. Ya no somos esclavos sino hijos adoptados y coherederos con Cristo.

14. La opción para los creyentes es permanecer en su libertad presente o volver a la esclavitud.

15. Estábamos esclavizados por «los principios de este mundo» (Gál. 4:3).

16. Somos libertados si nos «mantenemos fieles» a las enseñanzas de Jesús.

17. Podemos resistir a las artimañas del diablo aferrándonos a la verdad —la palabra de Dios—. El primer objeto de la armadura es «el cinturón de la verdad».

Sesión 8: Revistámonos de la cosmovisión bíblica

Objetivo: Entreguémonos a la disciplina de vivir firmemente enraizados en la verdad bíblica en todas las esferas.

Posibles respuestas a las preguntas de los Versículos claves

1. Ya no hemos de conformarnos a [los patrones de] «este mundo actual».

2. Hemos de ser transformados mediante «la renovación de nuestra mente».

3. Podremos comprobar que la voluntad de Dios es buena, agradable y perfecta».

Posibles respuestas a las Preguntas de descubrimiento

1. Usa figuras de la guerra y la batalla. Es importante porque estamos librando literalmente una guerra contra Satanás.

2. «Destruimos argumentos y toda altivez que se levanta contra el conocimiento de Dios, y llevamos cautivo todo pensamiento para que se someta a Cristo» (2 Cor. 10:5).

3. Nuestra mente.

4. Para ser santos, o apartados para los propósitos de Dios, nos despojamos de la mentalidad mundana de nuestra cultura

y nos revestimos de la cosmovisión bíblica. La santidad no sólo exige piedad moral; también, «llevar cautivo todo pensamiento para que se someta a Cristo».

5. Jesús declara que la palabra de Dios es la verdad.

6. Hemos de conservarnos «limpios de la corrupción del mundo» La amistad con el mundo nos hace enemigos de Dios (Santiago 1:27; 4:4). No hemos de «amar el mundo ni nada de lo que hay en él», pues «el mundo se acaba con sus malos deseos» (Juan 2:15-17).

7. Dios ama al mundo y envió a su Hijo Jesucristo a «salvarlo». Dios trata de «reconciliar al mundo consigo mismo en Cristo» Nos ha encomendado esta tarea. Nos ha dado el mensaje de reconciliación, y hemos de ser embajadores al mundo con este mensaje (2 Cor. 5:18-20). El Señor Jesús ora por nosotros, no para que seamos quitados del mundo sino para quedemos en él y lo sirvamos como testigos suyos. Él ora para que seamos protegidos del maligno (Juan 17:15).

8. Hemos de abandonar una mentalidad basada en los modelos de este mundo y adoptar otra rebosante de verdad bíblica.

9. Los de Berea eran de un carácter más noble porque buscaban la verdad examinando las Escrituras.

10. Es necesario disciplinarse y desarrollar un pensamiento crítico para poder rechazar las ideas mundanas que nos asedian a través de la propia cultura y reemplazarlas con la verdad revelada mediante el estudio de la Escritura.

Acerca de los autores

Darrow L. Miller es vicepresidente de Food for the Hungry International (Fundación Contra el Hambre) y co-fundador de la Disciple Nations Alliance (Alianza para el Discipulado de las Naciones). Ha trabajado para la FHI desde 1981. Su pasión consiste en ayudar a la gente a aplicar la cosmovisión bíblica para que las naciones queden libres del azote del hambre y la pobreza. En su libro *Discipulando naciones* (1998, Editorial JUCUM), expone su anhelo de renovar la visión de la iglesia por el discipulado de las naciones. Darrow es licenciado en pedagogía, tiene cuatro hijos, y reside con su esposa Marilyn en Cave Creek, Arizona.

Bob Moffitt es presidente de la Harvest Foundation y co-fundador de la Disciple Nations Alliance. Por más de treinta años ha desarrollado y dirigido organizaciones cristianas fundadas para animar y equipar a los creyentes para mostrar el amor de Dios, especialmente a los quebrantados y a sus comunidades. Escribe y enseña materiales diseñados para preparar a los cristianos a vivir su fe de una manera práctica, particularmente en el contexto de las iglesias locales. Él y su esposa Judy residen en Phoenix, Arizona.

Scott D. Allen es coordinador internacional de la Disciple Nations Alliance. Ha colaborado con FHI (Alimentos para el Necesitado Internacional) desde 1989, y ha servido como director de desarrollo de recursos humanos. Ha sido también misionero en Japón y profesor de inglés en iglesias locales del área de Osaka. Scott es diplomado en historia y pedagogía por la universidad de Willamette, Salem, Oregon. Reside con su esposa Kim y sus cuatro hijos en Phoenix, Arizona.

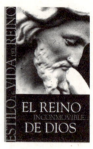

Disciple
Nations
Alliance

Founded by:
Harvest and Food for
the Hungry International

La Disciple Nations Alliance (DNA), o Alianza para el Discipulado de las Naciones, es un movimiento internacional de individuos, iglesias y organizaciones que comparten una visión: que las iglesias locales comprometidas, —creíbles y de gran impacto— lleven a cabo una transformación genuina en sus comunidades, de tal envergadura, que alcancen a discipular a su nación.

DNA fue fundada en 1997 cuando se asociaron Fundación Contra el Hambre y Harvest. La misión de FHI consiste en inspirar a las iglesias con la cosmovisión bíblica y equiparlas para poner en práctica un ministerio integral, personalizado, que afecte a todas las esferas de la sociedad. Nosotros proporcionamos herramientas sencillas que permiten iniciar un proceso de transformación inmediato en las iglesias establecidas —no importa su escasez de recursos.

Si desea recibir más información acerca de la Disciple Nations Alliance o de nuestros recursos para la enseñanza y la instrucción, no deje de visitar nuestra página Web: *www.disciplenations.org*

Disciple Nations Alliance

1220 E. Washington Street
Phoenix, Arizona 85034
www.disciplenations.org

Socios Fundadores

Fundación Contra el Hambre
www.fhi.net

Harvest Foundation
www.harvestfoundation.org

Estrategia Samaritana África

Los mensajes y enseñanzas contenidos en los estudios bíblicos Estilo de vida del reino están siendo aplicados por todo el continente africano gracias al esfuerzo de Samaritan Strategy Africa, red colaboradora de iglesias africanas y organizaciones cristianas coaligadas para llevar a cabo la urgente tarea de despertar, equipar y movilizar a la iglesia africana para que se levante y transforme la sociedad. Samaritan Strategy Africa tiene por objetivo ayudar a las iglesias —proveyendo instrucción, modelos, conferencias y publicaciones— a:

◆ descubrir el plan global de Dios de llevar sanidad y transformación a las naciones;

◆ adoptar la cosmovisión bíblica y ponerla en práctica aplicando la verdad, la bondad y la belleza en todas las esferas de la sociedad;

◆ llevar a cabo un ministerio de evangelización en la comunidad, demostrando el amor de Cristo a los necesitados y quebrantados a través de obras de servicio.

Si desea recibir más información acerca de la Samaritan Strategy Africa, o de futuras oportunidades de formación, o averiguar cómo usted, su iglesia o su organización pueden implicarse, le invitamos a visitar nuestra página Web, o contactarse:

Samaritan Strategy Africa

Dennis Tongoi, director de grupo
PO Box 40360, 00100
Nairobi, Kenya

Tel.: (254) 20-2720037/56
Email: afg@cms-africa.org
Página Web: *www.samaritan-strategy-africa.org*

Samaritan Strategy Africa está afiliada a Disciple Nations Alliance (DNA), movimiento internacional fundado en 1997 cuando se asociaron Fundación Contra el Hambre y Harvest Internacional. La FHI fue constituida para inspirar a las iglesias locales comprometidas, creíbles y de gran impacto, a generar una transformación genuina en sus comunidades, de tal envergadura, que alcancen a discipular a sus naciones.

Para obtener más información, visite: *www.disciplenations.org*